PREMIERS EXERCICES

D'ORTHOGRAPHE ET DE GRAMMAIRE

OU PETIT

RECUEIL DE MOTS USUELS

À L'USAGE DES ENFANTS

QUI FRÉQUENTENT LES ÉCOLES PRIMAIRES

OUVRAGE RÉDIGÉ

D'APRÈS UN PLAN NOUVEAU

destiné à faciliter aux plus jeunes enfants l'étude de l'Orthographe
d'usage et celle de la Grammaire ;

PAR PLUSIEURS INSTITUTEURS

AUTEURS DE LA GRAMMAIRE ET DE L'ARITHMÉTIQUE DES ENFANTS

adoptées par les Conseils académiques de Caen et de Rennes

avec approbation

de S. Exc. M. le Ministre de l'Instruction publique.

NOUVELLE ÉDITION.

PRIX : 30 CENTIMES.

CAEN

CHÉNEL, libraire éditeur, rue Saint-Jean, 16.

PARIS

| V⁰ MAIRE-NYON, libraire, | DELAGRAVE et Cⁱᵉ, |
| Quai Conti, 13. | rue des Écoles, 78. |

BUT ET PLAN DE CE RECUEIL DE MOTS.

Ce petit volume, qui renferme environ 6,000 mots, peut être mis entre les mains des enfants qui commencent à lire couramment. Il est destiné à leur faciliter l'étude de l'orthographe usuelle, et à les initier, *par la pratique*, aux notions fondamentales de la grammaire. Nos confrères verront que nous avons fait tous nos efforts pour atteindre ce double but. Nous présentons d'abord de nombreuses séries de *noms* usuels, en commençant par les plus simples et les plus connus, puis les *articles*, les *adjectifs* de diverses espèces, les *pronoms*, les *verbes*, les *participes* difficiles et les mots invariables : *adverbes, prépositions, conjonctions* et *interjections*. Nous donnons, chaque jour, une colonne, une page ou un chapitre à étudier; les élèves épèlent attentivement ou écrivent le devoir donné; l'Instituteur s'assure qu'il est bien fait, et il explique les termes incompris. Dans le cas où il serait impossible à tous les enfants de se procurer notre *Recueil*, le Maître pourrait très-utilement charger un moniteur de faire écrire au tableau, puis épeler à haute voix un certain nombre de mots à ses camarades; cet excellent exercice permet de faire travailler, en même temps, un grand nombre d'élèves. Les commençants peuvent être dispensés d'indiquer le genre des noms, mais le moniteur ne doit jamais oublier de lire ou d'écrire le titre de chaque série de mots : c'est le meilleur moyen d'apprendre à distinguer les différentes parties du discours, et de donner, tout d'abord, aux enfants une idée générale de la signification des mots qu'ils vont étudier.

Nos confrères apprécieront les motifs qui nous ont engagés à publier cet opuscule. Nous les prions instamment de ne point hésiter à faire part, à l'éditeur ou à nous, des remarques qui seraient de nature à améliorer ce modeste travail, c'est-à-dire à le rendre de plus en plus profitable aux jeunes enfants, pour lesquels il a été conçu et exécuté.

Indication de quelques procédés à suivre pour soutenir et fortifier l'attention des enfants.

1o Épeler et copier les mots de telle colonne, de telle page ou de tel chapitre qui renferment une des voyelles, *a, e, i, o, u, y;* ou *â, ê, î, ô, û;* ou deux voyelles, telles que *a, e; a, i;* etc.

2o Épeler et copier les mots de telle page ou de tel chapitre qui renferment une consonne simple comme *b, c, d,* etc.; ou une consonne double, comme *bb, cc, mm,* etc.

3o Épeler et copier les mots qui commencent ou finissent par une voyelle, par une consonne, etc.

4o Épeler et copier les mots du masculin, ceux du féminin; ceux qui ne s'emploient qu'au singulier; ceux qui ne sont d'usage qu'au pluriel; ceux qui offrent le plus de difficultés orthographiques;—ceux dont le genre est douteux,etc.

(Il suffira que le Maître fasse lui-même une seule fois le travail demandé pour qu'il puisse ensuite aisément contrôler celui de l'élève.)

TABLE DES MATIÈRES.

—

ABRÉVIATIONS :

m. veut dire. . *masculin.*	m. s. signifie *masculin singulier*
f. — . . *féminin.*	f. s. — *féminin singulier.*
pr. ou p.— . . *prononcez.*	pl. — *pluriel.*

Les lettres *italiques*, dans le corps des mots, indiquent les fautes les plus ordinaires. — L'astérisque ou étoile (') indique les mots dont l'orthographe est difficile ou le genre douteux. — Les mots *le, la, un, une,* après un nom, entre parenthèses, sont destinés à appeler l'attention sur le genre de ce nom.— Enfin, l'accolade indique les synonymes, c'est-à-dire les mots qui ont à peu près le même sens.

RECUEIL DE MOTS USUELS.

CHAPITRE PREMIER. — NOMS *ou* SUBSTANTIFS.

(Mots qui servent à nommer les personnes ou les choses.)

1. Noms d'hommes.

(Tous ces noms sont du *masculin* ; ils commencent par un grande lettre et s'écrivent toujours de la même manière.)

Léon, m.	*Jean,* m.	*Ernest,* m.	*Léopold,* m.
Émile, m.	*Pierre,* m.	*Edmond,* m.	*Arthur,* m.
Victor, m.	*Paul,* m.	*Célestin,* m.	*Baptiste,* m.
Alfred, m.	*Louis,* m.	*Edouard,* m.	*Eugène,* m.
Gustave, m.	*Félix,* m.	*Joseph,* m.	*Jules,* m.
Octave, m.	*Henri,* m.	*Camille,* m.	*Charles,* m.
Auguste, m.	*Albert,* m.	*Philippe,* m.	*Jacques,* m.
Amédée, m.	*François,* m.	*Clément,* m.	*Alexis,* m.
Anatole, m.	*Frédéric,* m.	*Constant,* m.	*Alexandre,* m.
Adolphe, m.	*Alphonse,* m.	*Ferdinand,* m.	*Napoléon.* m.

2. Noms de femmes.

(Tous ces noms sont du *féminin* ; ils sont invariables comme les noms d'hommes.)

Marie, f.	*Rose,* f.	*Jeanne,* f.	*Amélie,* f.
Angèle, f.	*Anna,* f.	*Berthe,* f.	*Octavie,* f.
Aline, f.	*Sophie,* f.	*Clotilde,* f.	*Félicie,* f.
Cécile, f.	*Lucile,* f.	*Elise,* f.	*Eugénie,* f.
Julie, f.	*Caroline,* f.	*Fanny,* f.	*Emilie,* f.
Louise, f.	*Constance,* f.	*Madeleine,* f.	*Elisabeth,* f.
Victoire, f.	*Isabelle,* f.	*Hortense,* f.	*Stéphanie,* f.
Virginie, f.	*Henriette,* f.	*Thérèse,* f.	*Joséphine,* f.
Pauline, f.	*Marguerite,* f.	*Mathilde,* f.	*Héloïse,* f.

3. Noms de parents et d'amis.

(On met *le* ou *un* avant les noms masculins ; *la* ou *une* avant les noms féminins.)

parent, m.	*frère,* m.	*oncle,* m.	*camarade,* m.
ami, m.	*sœur,* f.	*tante,* f.	*condisciple,* m.
père, m.	*cousin,* m.	*parrain,* m.	*compagnon,* m.
mère, f.	*cousine,* f.	*marraine,* f.	*compagne,* f.
tuteur, m.	*nièce,* f.	*filleul,* m.	*nourrice,* f.

(Pour mettre ces noms au pluriel, on les fait précéder de *les* ou *des*, et on ajoute une *s* à la fin de chaque mot.)

4.   Noms des différentes parties du corps.

tête, f.	*lèvre*, f.	*sein*, m.	*sang*, m. s.
chevelure, f.	*bouche*, f.	*poitrine*, f.	*veine*, f.
tempe, f.	*langue*, f.	*poumon*, m.	*artère*, f.
oreille, f.	*dent*, f.	*cœur*, m.	*chair*, f.
sourcil, m.	*gencive*, f.	*estomac*, m.	*muscle*, m.
paupière, f.	*gosier*, m. s.	*ventre*, m. s.	*nerf*, m.
cil, m.	*gorge*, f.	*flanc*, m.	*moelle*, f. s.
front, m.	*épaule*, f.	*taille*, f.	*organe*, m.
ride, f.	*aisselle*, f.	*hanche*, f.	*toucher*, m. s.
figure, f.	*membre*, m.	*cuisse*, f.	*goût*, m.
face, f.	*coude*, m.	*jarret*, m.	*odorat*, m. s.
visage, m.	*poignet*, m.	*jambe*, f.	*ouïe*, f.
teint, m. s.	*main*, f.	*mollet*, m.	*vue*, f.
joue, f.	*doigt*, m.	*pied*, m.	*regard*, m.
barbe, f.	*pouce*, m.	*talon*, m.	*maintien*, m. s.
menton, m.	*ongle*, m.	*orteil*, m.	*posture*, f.

Les cinq sens. } (toucher, goût, odorat, ouïe, vue)

(Mettre ces noms au pluriel en ajoutant une **s** à la fin de chacun d'eux.)

On ne mettra pas au pluriel les noms marqués d'une s, *comme* teint, gosier, sang, *etc. Ces noms ne s'emploient ordinairement qu'au singulier.*

5.   Noms d'aliments et de repas.

aliment, m.	*dîner*, m.	*poulet*, m.	*boisson*, f.
nourriture, f. s	*soupe*, f.	*poularde*, f.	*vin*, m.
déjeuner, m.	*potage*, m.	*gigot*, m.	*bière*, f.
pain, m.	*bouillon*, m.	*salade*, f.	*cidre*, m.
croûte, f.	*graisse*, f.	*huile*, f.	*poiré*, m.
mie, f.	*légume (le)*, m.	*vinaigre*, m. s.	*thé*, m. café, m.
beurre, m.	*navet*, m.	*dessert*, m. s.	*liqueur*, f.
beurrée, f.	*carotte*, f.	*fromage*, m.	*anisette*, f. s.
tartine, f.	*haricot*, m.	*galette*, f.	*absinthe*, f. s.
lait, m. s.	*fricassée*, f.	*beignet*, m.	rhum, m s (p. rome
crème, f.	*friture*, f.	*pâté*, m.	*collation*, f.
chocolat, m.	*sauce*, f.	*fruit*, m.	*souper*, m.
omelette, f.	*ragoût*, m.	*compote*, f.	*table*, f.
côtelette, f.	*sel*, m.	*raisiné*, m.	*couvert*, m.
* *bifteck*, m.	*poivre*, m. s.	*biscuit*, m.	*hôte*, m.
jambon, m.	*moutarde*, f. s.	*brioche*, f.	*convive*, m. et f.
lard, m. s.	*viande*, f.	*bonbon*, m.	*noce*, f.
tranche, f.	*rôti*, m.	*dragée*, f.	*festin*, m.
saucisse, f.	*broche*, f.	*pastille*, f.	*banquet*, m.
ration, f.	*chapon*, m.	*praline*, f.	toast, m (p. *toste*

6.   Noms de vêtements et d'étoffes.

vêtement, m.	tricot, m.	blouse, f.	robe, f.
habit, m.	caleçon, m.	veste, f.	crochet, m.
habillement, m	chemise, f.	paletot, m.	agrafe, f.
ajustement, m.	chemisette, f.	redingote, f.	pan, m.
toilette, f.	cravate, f.	basque, f.	pli, m.
lange, m.	nœud, m.	surtout, m	doublure, f.
bonnet, m.	cocarde, f.	casaque, f.	garniture, f.
bourrelet, m.	fichu, m.	houppe, f.	manche, f.
coiffe, f.	foulard, m.	houppelande, f	manchette, f.
coiffure, f.	gilet, m.	limousine, f.	manchon, m.
casquette, f.	bretelle, f.	défroque, f.	bracelet, m.
capote, f.	bouton, m.	corset, m.	gant, m.
capuchon, m.	boutonnière, f.	tournure, f.	mitaine, f.
col, m.	culotte, f.	camisole, f.	châle, m.
collet, m.	pantalon, m.	jupe, f.	écharpe, f.
collerette, f.	gousset, m.	jupon, m.	voile, m. (1)
ruban, m.	poche, f.	tablier, m.	crêpe, m.
cclifichet, m.	mouchoir, m.	ceinture, f.	mantelet, m.
bagatelle, f.	guêtre, f.	boucle, f.	pelisse, f.

(Mettre tous ces noms au pluriel en ajoutant une *s*.)

7. chaussure, f.	botte, f.	ornement, m.	lorgnon, m.
chausson, m.	bottine, f.	parure, f.	médaillon, m.
chaussette, f.	brodequin, m.	montre, f.	collier, m.
sabot, m.	lacet, m.	cadran, m.	parasol, m.
socqué, m.	soulier, m.	chaîne, f.	ombrelle, f. (2)
galoche, f.	escarpin, m.	bague, f	marquise, f.
pantoufle, f.	semelle, f.	perle, f.	tabatière, f.
savate, f.	empeigne, f.	bourse, f.	tabac, m.
sandale, f.	cirage, m.	cordon, m.	cigare, m.

---

linge, m.	flanelle, f. s.	mousseline, f.	accroc, m.
marque, f.	molleton, m. s.	batiste, f. s.	fil, m.
ourlet, m	drap, m.	gaze, f. s. (3)	laine, f.
couture, f.	coutil, m.	satin, m. s.	pelote, f.
façon, f.	coton, m.	soie, f.	peloton, m.
confection, f.	percale, f. s.	tulle, m. s.	aiguille, f.
mode, f.	percaline, f. s.	dentelle, f.	épingle, f.
étoffe, f.	*ouate (la), f. s.	déchirure, f.	étui, m.

---

(1) *Voile* de femme est **masculin**; *voile* de navire est *féminin*.

(2) Avant *b* ou *p*, on met *m*. (V. p. 47, n° 9.)

(3) Ne pas confondre avec le *gaz* de l'éclairage.

8. *Noms de meubles et d'ustensiles de ménage.*

mobilier, m.	gril, m.	poivrier, m.	pot, m.
meuble, m.	grillage, m.	poivrière, f.	terrine, f.
ustensile, m.	réchaud, m.	salière, f.	baquet, m.
pelle, f.	bassinoire, f.	saucière, f.	lavette, f.
pincette, f.	vase, m. (*)	théière, f.	éponge, f.
soufflet, m.	vaisselle, f. s.	cafetière, f.	torchon, m.
trépied, m.	porcelaine, f. s.	bol, m.	balai, m.
crémaillère, f.	faïence, f. s.	tasse, f.	panier, m.
cran, m.	soupière, f.	soucoupe, f.	bourriche, f.
marmite, f.	couvercle, m.	bouteille, f.	corbeille, f.
casserole, f.	écuelle, f.	goulot, m.	armoire, f.
chaudière, f.	assiette, f.	bouchon, m.	buffet, m.
chaudron, m.	plat, m.	carafe, f.	commode, f.
cuisinière, f.	huilier, m.	carafon, m.	tiroir, m. (**)
rôtissoire, f.	saladier, m.	flacon, m.	nappe, f.
lardoire, f.	sucrier, m.	verre, m.	serviette, f.
écumoire, f.	sucre, m.	gobelet, m.	cuillère, f.
passoire, f.	râpe, f.	cruche, f.	fourchette, f.

---

9. hache, f.	charbon, m.	lit, m. natte, f.	brosse, f.
hachette, f.	houille, f.	couche, f.	cuvette, f.
couperet, m.	coke, m.	paillasse, f.	savon, m.
chevalet, m.	brasier, m.	sommier, m.	savonnette, f.
bûche, f.	braise, f. s.	traversin, m.	rasoir, m.
bûcher, m.	résine, f.	oreiller, m.	peigne, m.
bourrée, f.	suif, m.	duvet, m.	démêloir, m.
fagot, m.	chandelle, f.	édredon, m.	pommade, f. s.
combustible, m	chandelier, m.	coussin, m.	parfum, m.
chauffage, m.s.	bougeoir, m.	couverture, f.	lavabo, m.
chaufferette, f.	bougie, f.	tabouret, m.	barrique, f.
allumette, f.	huile, f.	chaise, f.	baril, m.
soufre, m. s.	luciline, f.	dossier, m.	tonne, f.
phosphore, m.s	pétrole, m. s.	fauteuil, m.	fûtaille, f.
flamme, f.	mèche, f.	canapé, m.	fût, m.
tison, m.	flammèche, f.	secrétaire, m.	bonde, f.
cendre, f.	lanterne, f.	horloge, f.	fond, m.
suie, f. s.	falot, m.	pendule, f.	broc, m.
fumée, f.	éteignoir, m.	miroir, m.	entonnoir, m.

(*) Le mot *vase* est du féminin quand il signifie *boue, fange.*

(**) Les mots en *oir* sont masculins, tandis que ceux en *oire* sont généralement féminins.

10. *Noms d'objets classiques.*

papier, *m.*	* encre, *f.*	livre, *m.*	banc, *m.*
plume, *f.*	encrier, *m.*	volume, *m.*	estrade, *f.*
règle, *f.*	* écritoire (une) *f.*	page, *f.*	christ, *m.*
baguette, *f.*	modèle, *m.*	chapitre, *m.*	sonnette, *f.*
crayon, *m.*	exemple, *m.* (1)	feuillet, *m.*	placard, *m.*
canif, *m.*	transparent, *m.*	marge, *f.*	bibliothèque, *f.*
cahier, *m.*	pupitre, *m.*	image (une), *f.*	poêle, *m.*
carton, *m.*	case, *f.*	gravure, *f.*	thermomètre, *m.*

11. *Noms de divertissements et de jeux.*

amusement, *m.*	balle, *f.*	carte, *f.*	chance, *f.*
divertissement, *m.*	paume, *f. s.*	atout, *m.*	hasard, *m.*
réjouissance, *f.*	quille, *f.*	dé, *m.*	risque (le), *m.*
partie, *f.*	boule, *f.*	domino, *m.*	pari, *m.* ; mise.
bâtonnet, *m. s.*	bille, *f.*	loto, *m. s.*	gage, *m.*
marelle, *f. s.*	toupie, *f.*	balançoire, *f.*	˙gageure, *f* (pr. *ju*)

12. *Noms relatifs à la construction des édifices.*

bâtisse, *f.*	plâtre, *m. s.*	salle, *f.*	grenier, *m.*
bâtiment, *m.*	enduit, *m.*	salon, *m.*	mansarde, *f.*
logement, *m.*	ciment, *m. s.*	plancher, *m.*	charpente, *f.*
appartement, *m.*	béton, *m. s.*	parquet, *m.*	toit, *m.*
emplacement, *m.*	mur, *m.*	solive, *f.*	lucarne, *f.*
longueur, *f.*	ouverture, *f.*	poutre, *f.*	gouttière, *f.*
largeur, *f.*	perron, *m. s.*	plafond, *m.*	latte, *f.*
hauteur, *f.*	seuil, *m.*	fenêtre, *f.*	tuile, *f.*
épaisseur, *f.*	porte, *f.*	croisée, *f*	ardoise, *f.*
proportion, *f.*	battant, *m.*	contrevent, *m.*	faîte, *m.*
solidité, *f. s.*	gond. *m.*	escalier, *m.*	girouette, *f.*
arrangement, *m.*	penture, *f.*	marche, *f.*	cave, *f.*
disposition, *f.*	serrure, *f.*	degré, *m.*	cellier, *m.*
distribution, *f.*	clef (pr. *clé*).	rampe, *f.*	dégradation, *f.*
plan, *m.*	clenche, *f.*	étage, *m.*	crevasse, *f.*
construction, *f.*	entrée, *f.*	balcon, *m.*	vétusté, *f. s.*
structure, *f.*	vestibule , *m.*	palier, *m.*	réparation, *f.*
pierre, *f.*	corridor, *m.*	chambre, *f.*	appui, *m.*
granit, *m.*	cuisine, *f.*	antichambre, *f.*	support, *m.*
brique, *f.*	cheminée, *f.*	cloison, *f.*	étai, *m.*
moellon, *m.*	foyer, *m.*	cabinet, *m.*	soutien, *m.*
mortier, *m.*	potager, *m.*	alcôve, *f.*	traverse, *f.*

----

(1) Avant un *x*, pas d'accent sur l'*e*.

13   *Noms relatifs à la campagne.*

campagne, *f.*	feuille, *f.*	colline, *f.*	vallée, *f.*
chemin, *m.*	ombre, *f.*	plaine, *f.*	vallon, *m.*
poussière, *f. s.*	ombrage, *m.*	chasseur, *m.*	source, *f.*
boue, *f.*, fange, *f*	fraîcheur, *f. s.*	chasse, *f.*	fontaine, *f.*
ornière, *f.*	bocage, *m.*	poudre, *f.*	étang, *m.*
sentier, *m.*	bosquet, *m.*	plomb, *m.*	lac, *m.*
verdure, *f. s.*	forêt, *f.*	gibecière, *f.*	pêcheur, *m.*
rosée, *f. s.*	bûcheron, *m.*	carnassière, *f.*	ligne, *f.*
herbe, *f.*	cabane, *f.*	gibier, *m. s.*	hameçon, *m.*
touffe, *f.*	grotte, *f.*	garenne, *f.*	harpon, *m.*
gazon, *m.*	solitude, *f.*	gîte, *m.*	amorce, *f.*
pelouse, *f. s.*	ronce, *f.*	trace, *f.*	appât, *m.*
mousse, *f.*	épine, *f.*	piste, *f. s.*	filet, *m.*
feuillage, *m.*	buisson, *m.*	affût, *m. s.*	nasse, *f.*

---

14. village, *m.*	cabaret, *m.*	parc, *m.*	moisson, *f.*
clocher, *m.*	auberge, *f.*	domaine, *m.*	**moissonneur**, *m.*
maison, *f.*	remise, *f.*	avenue, *f.*	vigneron, *m.*
maisonnette, *f*	hangar, *m.*	allée, *f.*	vendange, *f.*
chaumière, *f.*	cour, *f.*	terrasse, *f.*	récolte, *f.*
position, *f.*	verger, *m.*	pavillon, *m.*	**abondance**, *f. s.*
situation, *f.*	charmille, *f.*	belvéder, *m.*	richesse, *f.*
site, *m.*	haie, *f.*	colombier, *m.*	dégât, *m.*
paysage, *m.*	clôture, *f.*	pâtre, *m.*	dommage, *m.*
paysan, *m.*	barrière, *f.*	berger, *m.*	disette, *f.*
habitant, *m.*	fossé, *m.*	houlette, *f.*	famine, *f.*
habitation, *f.*	pré, *m.*	flûte, *f.*	pauvreté, *f. s.*
demeure, *f.*	prairie, *f.*	flageolet, *m.*	misère, *f.*
résidence, *f.*	herbage (un), *m.*	musette, *f.*	ruine, *f.*

15   *Noms relatifs à l'agriculture.*

laboureur, *m.*	ferme, *f.*	auge, *f.*	pressoir, *m.*
cultivateur, *m.*	laiterie, *f.*	crèche, *f.*	pressureur, *m.*
agriculteur, *m.*	boulangerie, *f*	étable, *f.*	pileur, *m.*
fermier, *m.*	fenil, *m.*	litière, *f.*	marc, *m. s.*
maître, *m.*	grange, *f.*	abreuvoir, *m.*	brancard, *m.*
maîtresse, *f*	aire, *f.*	réservoir, *m.*	civière, *f.*
domestique, *m.* et *f*	trappe, *f.*	mare, *f.*	poulailler, *m.*
serviteur, *m.*	écurie, *f.*	vivier, *m.*	volaille, *f.*
servante, *f.*	ratelier, *m.*	citerne, *f.*	juchoir, *m.*
valet, *m.*	mangeoire, *f.*	pompe, *f.*	perchoir, *m.*

16. *Suite des noms relatifs à l'agriculture.*

attelage, *m* (1).	terre, *f.*	champ, *m.*	chaleur, *f.*
équipage, *m.*	terrain, *m.*	limite, *f.*	canicule, *f. s.*
joug, *m.*	terroir, *m.*	borne, *f.*	faucheur, *m.*
collier, *m.*	jachère, *f.*	sillon, *m.*	faucille, *f.*
longe, *f.*	lande, *f.*	labour, *m.*	javelle, *f.*
bride, *f.*	friche, *f.*	labourage, *m. s.*	andain, *m.*
frein, *m.*	fumier, *m.*	culture, *f.*	fanaison, *f.*
selle, *f.*	fumage, *m* (3).	défrichement, *m.*	fanage, *m.*
bât, *m.*	poudrette, *f.*	exploitation, *f.*	veillotte, *f.*
instrument, *m*	guano, *m. s.*	marécage, *m.*	gerbe, *f.*
charrue, *f.*	tourte, *f.*	desséchement, *m.*	lien, *m*
soc, *m.*	varech, *m* (pr. *rec*)	drainage, *m. s.*	paille, *f.*
charrette, *f.*	amendement, *m.*	rigole, *f.*	chaume, *m.*
charretée, *f.*	argile, *f.*	pente, *f.*	épi, *m.*
carriole, *f.*	sable, *m.*	semence, *f.*	battage, *m. s.*
char, *m.*	marne, *f.*	chaulage, *m. s.*	batteuse, *f.*
chariot, *m* (2).	tangue, *f.*	semaille, *f.*	van, *m.*
herse, *f.*	phosphate, *m* (4).	semoir, *m.*	crible, *m.*

---

17 horticulture *f s*	serfouette, *f.*	greffe, *f.*	sol, *m.*
jardinage, *m. s*	binette, *f.*	bouture, *f.*	jardin, *m.*
jardinier, *m.*	motte, *f.*	pépinière, *f.*	parterre, *m.*
outil, *m.*	émottoir, *m.*	sécheresse, *f.*	treille, *f.*
serpe, *f.*	arrosoir, *m.*	arrosage, *m. s.*	ruche, *f.*
serpette, *f.*	ratissoire, *f.*	irrigation, *f.*	rucher, *m.*
sécateur, *m.*	plantation, *f.*	végétation, *f. s*	essaim, *m.*
bêche, *f.*	plant, *m.*	production, *f.*	abeille, *f.*
louchet, *m.*	quenouille, *f.*	produit, *m.*	aiguillon, *m.*
fourche, *f.*	espalier, *m.*	rapport, *m.*	dard, *m.*
brouette, *f.*	graine, *f.*	rendement, *m.*	miel, *m. s.*
houe, *f.*	abri, *m.*	serre, *f.*	cellule, *f.*
sarcloir, *m.*	paillasson, *m.*	essai, *m.*	alvéole, *m.*

agriculture, *f. s.* **culture des champs.**	**viticulture**, *f. s.* **culture des vignes.**
horticulture, *f. s.* **culture des jardins.**	**silviculture**, *f. s.* **culture des forêts.**
arboriculture, *f. s.* **culture des arbres.**	**apiculture**, *f. s.* **art d'élever les abeilles.**
floriculture, *f. s.* **culture des fleurs.**	**pisciculture**, *f. s.* **art de mult. les poissons**

---

(1) Les noms en *age* sont masculins—excepté *image* et quelques autres.
(2) *Chariot* ne prend qu'une *r*. Les autres dérivés de *char* en prennent deux.
(3) On dit aussi *fumure, f.; donner une bonne fumure.*
(4) Il s'agit ici du *phosphate* de chaux et autres phosphates fossiles. Ce sont des amendements qui paraissent appelés à rendre de grands services à l'agriculture.

18. *Noms d'animaux.*

bête, *f.*   mulet, *m.*   lapin, *m.*   porc, *m.*
patte, *f.*   mule, *f.*   angora, *m.*   sanglier, *m.*
poil, *m.*   âne, *m.*   lièvre, *m.*   cerf, *m.*
croupe, *f.*   ânon, *m.*   levraut, *m.*   biche, *f.*
queue, *f.*   bourrique, *f.*   renard, *m.*   faon, m. (pr. *fan*)
bœuf, *m.*   bouc, *m.*   marte, *f.*   singe, *m.*
paire, *f.*   chèvre, *f.*   fouine, *f.*   grimace, *f.*
couple, *m. et f*   chevreuil, *m.*   furet, *m.*   lion, *m.*
vache, *f.*   bélier, *m.*   rat, *m.*   crinière, *f. s.*
génisse, *f.*   mouton, *m.*   mulot, *m.*   crin, *m.*
jument, *f.*   loup, *m.*   musaraigne, *f.*   tanière, *f.*
cavale, *f.*   chien, *m.*   taupe, *f.*   tigre, *m.*
poulain, *m.*   dogue, *m.*   belette, *f.*   panthère, *f.*
pouliche, *f.*   lévrier, *m.*   marmotte, *f.*   éléphant, *m.*
bidet, *m.*   épagneul, *m.*   écureuil, *m.*   trompe, *f. s.*
coursier, *m.*   chat, *m.*   hérisson, *m.*   ivoire (le) *m.s*
monture, *f.*   griffe, *f.*   castor, *m.*   baleine, *f* cétacé, *m*

daim, *m.*; gazelle, *f.*; hyène, *f.*; cigogne, *f.*; héron, *m.*

---

19. œuf, *m.*   linot, *m.*   reptile, *m.*   mollusque, *m.*
coque (la), *f.*   mésange, *f.*   couleuvre, *f.*   limace, *f.*
coquille, *f.*   pinson, *m.*   vipère, *f.*   limaçon, *m.*
cage, *f.*   chardonneret, *m.*   venin, *m.*   huître, *f.*
nid, *m.*   serin, *m.* canari, *m*   serpent, *m.*   moule, *f.*
couvée, *f.*   hirondelle, *f.*   boa, *m.*   crabe (un), *m.*
cri, *m.*   fauvette, *f.*   lézard, *m.*   écrevisse, *f.*
chant, *m.*   rossignol, *m.*   crocodile, *m.*   homard, *m.*
ramage, *m.*   roitelet, *m.*   aspic, *m.*   sangsue, *f.*
plumage, *m.*   merle, *m.*   poisson, *m.*   ver, *m.* insecte, *m*
bec, *m.*   geai, *m.*   arête, *f.*   mouche, *f.*
aile, *f.*   perroquet, *m.*   nageoire, *f.*   taon, *m.* (pr. *ton*)
gésier, *m.*   grive, *f.*   écaille, *f.*   frelon, *m.*
crête, *f.*   pie, *f.*   carpe, *f.*   guêpe, *f.*
coq (le), *m.*   bécasse, *f.*   brochet, *m.*   hanneton, *m.*
poule, *f.*   autruche, *f.*   truite, *f.*   chenille, *f.*
poussin, *m.*   aigle, *m. et f.*   anguille, *f.*   papillon, *m.*
dinde, *f.*   cygne, *m.*   hareng, *m.*   fourmi, *f.*
oie, *f.*   chouette, *f.*   sardine, *f.*   punaise, *f.*
canard, *m.*   épervier, *m.*   sole (la), *f.*   puce, *f.*
pigeon, *m.*   caille, *f.*   raie, *f.*   puceron, *m.*
colombe, *f.*   alouette, *f.*   saumon, *m.*   ciron, *m.*
tourterelle, *f.*   faucon, *m.*   thon, *m.*   mite, *f.*
corneille, *f.*   condor, *m.*   requin, *m.*   araignée, *f.*

20. *Noms d'arbres et de plantes.*

plante, *f.*	fourrage, *m.*	laitue, *f.*	coquelicot, *m.*
céréale, *f.*	pâturage, *m.*	cresson, *m. s.*	pavot, *m.*
blé, *m.*	trèfle, *m.*	céleri, *m. s.*	dahlia, *m.*
froment, *m.*	foin, *m.*	artichaut, *m.*	réséda, *m.*
seigle, *m.*	sainfoin, *m.*	asperge, *f.*	œillet, *m.*
méteil, *m.*	regain, *m.*	houblon, *m. s.*	violette, *f.*
* orge, *f.* et *m.*	luzerne, *f.*	guimauve, *f.s.*	primevère, *f.*
avoine, *f.*	fève, *f.* fèverole	chiendent, *m. s*	jonquille, *f.*
haveron, *m. s.*	betterave, *f.*	fleur, *f.*	jacinthe, *f.*
nielle, *f. s.*	oignon, *m.* (pr. *o*)	floraison, *f.s.*	tulipe, *f.*
ivraie, *f. s.*	courge, *f.*	corolle, *f.*	giroflée, *f.*
sarrasin, *m.*	citrouille, *f.*	pétale, *m.*	rose, *f.*
colza, *m.*	melon, *m.*	bouquet, *m.*	rosier, *m.*
lin, *m.*	persil, *m. s.*	odeur, *f.*	thym, *m. s.*
chanvre, *m.*	cerfeuil, *m. s.*	pâquerette, *f.*	immortelle, *f.s*
chènevière, *f.*	oseille, *f. s.*	bluet, *m.*	sensitive, *f. s.*

Plantes nuisibles ou vénéneuses : ortie, *f.* ; chardon, *m.* ; champignon, *m.* ;
ciguë, *f.*

21. arbre, *m.*

arbuste, *m.*	merisier, *m.*	marronnier, *m*	baobab, *m.*
ecorce, *f. s.*	merise, *f.*	marron, *m.*	cèdre, *m.*
sève, *f. s.*	guignier, *m.*	mûrier, *m.*	hêtre, *m.*
aubier, *m. s.*	guigne, *f.*	mûre, *f.*	faîne, *f.*
tige, *f.*	groseillier, *m.*	figuier, *m.*	platane, *m.*
branche, *f.*	groseille, *f.*	olivier, *m.*	orme, *m.*
tronc, *m.*	framboisier, *m*	olive, *f.*	frêne, *m.*
racine, *f.*	framboise, *f.*	oranger, *m.*	peuplier, *m.*
poirier, *m.*	fraisier, *m.*	orange, *f.*	tremble, *m.*
poire, *f.*	fraise, *f.*	caféier, *m.*	sapin, *m.* pin, *m.*
pelure, *f.*	vigne, *f.*	cotonnier, *m.*	ébénier, *m.*
pepin, *m.*	cep, *m.*	laurier, *m.*	ébène, *f.* (la)
pommier, *m.*	raisin, *m.*	camphrier, *m.*	acacia, *m.*
pomme, *f.*	grappe, *f.*	camphre, *m.s*	tilleul, *m.*
prunier, *m.*	noyer, *m.*	giroflier, *m.*	érable, *m.*
prunellier, *m.*	coudrier, *m.*	girofle, *m.*	saule, *m.*
prunelle, *f.*	coudraie, *f.*	néflier, *m.*	cyprès, *m.*
pêcher, *m.*	noisette, *f.*	nèfle, *f.*	osier, *m. s.*
abricotier, *m.*	amande, *f.*	églantier, *m.*	oseraie, *f.*
abricot, *m.*	amandier, *m.*	chêne, *m.*	lierre, *m. s.*
cerisier, *m.*	châtaigne, *f.*	chênaie, *f.*	fougère, *f.*
cerise, *f.*	châtaignier, *m*	gland, *m.*	palmier, *m.*
	châtaigneraie, *f.*	liège, *m. s.*	dattier, *f.*

Remarque. — La plupart des noms d'arbres sont du masculin

22. *Noms relatifs aux phénomènes atmosphériques.*

pluie, *f.*	nue, *f.*	air, *m.*	nord, *m. s.*
ondée, *f.*	nuée, *f.*	atmosphère, *f.*	septentrion, *m. s.*
averse, *f.*	nuage, *m.*	azur, *m. s.*	midi, *m. s.*
bruine, *f.*	éclair, *m.*	espace, *m.*	sud, *m. s.*
grêle, *f. s.*	lueur, *f.*	firmament, *m. s.*	lune, *f.*
grêlon, *m.*	tonnerre, *m.*	astre, *m.*	phase, *f.*
neige, *f.*	foudre, *f.* et *m.*	soleil, *m.*	apparence, *f.*
gelée, *f.*	* incendie (un), *m.*	lever, *m. s.*	aspect, *m.*
glace, *f.*	embrasement, *m.*	coucher, *m.*	étoile, *f.*
glaçon, *m.*	vent, *m.* zéphyr, *m*	levant, *m. s.*	comète, *f.*
glissoire, *f.*	aquilon, *m.*	orient, *m. s.*	éclat, *m.*
froid, *m. s.*	orage (un), *m.*	est, *m. s.*	éclipse, *f.*
froidure, *f. s.*	ouragan, *m.*	couchant, *m. s.*	obscurité, *f.*
brouillard, *m.*	tourbillon, *m.*	occident, *m. s.*	lumière, *f.*
brume, *f.*	trombe, *f.*	ouest, *m. s.*	merveille, *f.*

23. *Noms des jours, des mois, des saisons.*

jour, *m.*	heure, *f.*		mois, *m.*	saison, *f.*
journée, *f.*	minute, *f.*		janvier, *m. s.*	été, *m.*
commencement, *m.*	seconde, *f.*		février, *m. s.*	automne, *m.*
fin, *f.*	moment, *m.*		mars, *m. s.*	hiver, *m.*
aube, *f. s.*	instant, *m.*		avril, *m. s.*	trimestre, *m.*
aurore, *f.*	semaine, *f.*		mai, *m. s.*	semestre, *m.*
matin, *m.*	dimanche, *m.*		juin, *m. s.*	an, *m.*
matinée, *f.*	lundi, *m.*		juillet, *m. s.*	année, *f.*
brune, *f.*	mardi, *m.*	Ne pas mettre les noms de la 3e c. au pl.	août, *m. s.* (pr. *ou*)	période, *f.*
soir, *m.*	mercredi, *m.*		septembre, *m. s.*	siècle, *m.*
soirée, *f.*	jeudi, *m.*		octobre, *m. s.*	calendrier, *m.*
veillée, *f.*	vendredi, *m.*		novembre, *m. s.*	almanach, *m.*
minuit, *m. s.*	samedi, *m.*		décembre, *m. s.*	annuaire, *m.*

24. *Noms de mesures et de monnaies.*

mesure, *f.*	surface, *f.*	contenance, *f.*	monnaie, *f.*
mètre, *m.*	superficie, *f.*	liquide, *m.*	numéraire, *m.*
décamètre, *m.*	**are**, *m.*	**litre**, *m.*	or, *m.*
hectomètre, *m*	hectare, *m.*	décalitre, *m.*	argent, *m. s.*
kilomètre, *m.*	centiare, *m.*	décilitre, *m.*	bronze, *m.*
myriamètre, *m*	volume, *m.*	centilitre, *m.*	pièce, *f.*
décimètre, *m.*	**stère**, *m.*	pesée, *f.*	**franc**, *m.*
centimètre, *m.*	décastère, *m.*	**gramme**, *m.*	décime, *m.*
millimètre, *m.*	décistère, *m.*	kilogramme, *m*	centime (le), *m*

25   *Noms de métiers et de professions.*

état, *m.*	boulanger, *m.*	cuisinier, *m.*	tisserand, *m.*
métier, *m.*	pâte, *f.*	faïencier, *m.*	navette, *f.*
profession, *f.*	levain, *m.*	potier, *m.*	toilier, *m.*
emploi, *m.*	pétrissage, *m.*	sabotier, *m.*	percale, *f.*
journalier, *m.*	pétrin, *m.*	bottier, *m.*	calicot, *m.*
artisan, *m.*	four, *m.*	cordonnier, *m.*	indienne, *f.*
ramoneur, *m.*	fournée, *f.*	cuir, *m.*	drapier, *m.*
émouleur, *m.*	cuisson, *f.*	ligneul, *m.*	assortiment, *m.*
coutelier, *m.*	boucher, *m.*	alêne, *f.*	échantillon *m*
chaudronnier, *m.*	charcutier, *m.*	· tranchet, *m.*	casimir, *m.*
ferblantier, *m.*	andouille, *f.*	forme, *f.*	nankin, *m.*
quincaillier, *m*	boudin, *m.*	tanneur, *m.*	mercier, *m.*
meunier, *m.*	épicier, *m.*	corroyeur, *m.*	passementier, *m.*
moulin, *m.*	balance, *f.*	étoupe, *f.*	ganse, *f.*
meule, *f.*	bascule, *f.*	filasse, *f.*	tresse, *f.*
trémie, *f.*	comptoir, *m.*	filassier, *m.*	tailleur, *m.*
blutoir, *m.*	cannelle, *f.*	cordier, *m.*	couturière, *f.*
farine, *f.*	cassonade, *f.*	fileuse, *f.*	lingère, *f.*
sac, *m.*	marmelade, *f.*	rouet, *m.*	modiste, *f.*

---

26. gantier, *m.*	jatte, *f.*	vitrier, *m.*	bourrelier, *m.*
chapelier, *m.*	truelle, *f.*	mastic, *m.*	sellier, *m.*
bonnetier, *m.*	pioche, *f.*	diamant, *m.*	carrossier, *m.*
coiffeur, *m.*	carrier, *m.*	plâtrier, *m.*	doreur, *m.*
barbier, m.	couvreur, *m.*	tapissier, *m.*	miroitier, *m.*
perruquier, *m.*	serrurier, *m.*	peintre, *m.*	horloger, *m.*
teinturier, *m.*	charpentier, *m*	sculpteur, *m.*	bijoutier, *m.*
teinture, *f.*	menuisier, *m.*	sculpture, *f.*	joaillier, *m.*
dégraisseur, *m.*	établi, *m.*	forgeron, *m.*	orfèvre, *m.*
blanchisseur, *m.*	varlope, *f.*	forge, *f.*	papetier, *m.*
lessive, *f.*	rabot, *m.*	enclume, *f.*	libraire, *m.*
charrée, *f.*	tarière, *f.*	masse, *f.*	colporteur, *m.*
battoir, *m.*	vilebrequin, *m.*	lime, *f.*	graveur, *m.*
savonnage, *m*	vrille, *f.*	charron, *m.*	imprimeur, *m.*
laveuse, *f.*	cheville, *f.*	roue, *f.* ·	presse, *f.*
repasseuse, *f.*	maillet, *m.*	roulier, *m.*	relieur, *m.*
maçon, *m.*	ébéniste, *m.*	charretier, *m.*	cartonnier, *m.*
architecte, *m.*	tourneur, *m.*	voiturier, *m.*	cartonnage, *m*
équerre, *f.*	rempailleur, *m.*	fouet, *m.*	format, *m.*

laitier, *m.*; crémier, *m.*; patissier, *m.*; confiseur, *m.*; cabaretier, *m.*; auber-
giste, *m.*; cafetier, *m.*; brasseur, *m.*; liquoriste, *m.*; distillateur, *m.*; revendeur,
m.; fripier, *m.*; bouquetière, *f.*; fleuriste, *m.* et *f.*

27. *Noms d'événements, d'accidents et de maladies.*

événement, *m.*	action, *f.*	accident, *m.*	bruit, *m.*
existence, *f.s.*	entreprise *f.*	malheur, *m.*	tapage, *m. s.*
enfance, *f. s.*	motif, *m.*	adversité, *f.*	tumulte, *m. s.*
jeunesse, *f. s.*	prétexte, *m.*	besoin, *m.*	querelle, *f.*
vieillesse, *f.s.*	moyen, *m.*	indigence, *f.s.*	dispute, *f.*
bonheur, *m.s.*	occasion, *f.*	détresse, *f. s.*	coup, *m.*
félicité, *f. s.*	circonstance, *f*	pénurie, *f. s.*	batterie, *f.*
but, *m.*	empêchement, *m.*	aumône, *f.*	affront, *m.*
désir, *m.*	obstacle, *m.*	bienfait, *m.*	déshonneur, *m.s.*
dessein, *m.*	effort, *m.*	offrande, *f.*	opprobre, *m.*
exécution, *f.*	réussite, *f. s.*	sacrifice, *m.*	scandale, *m.*

---

28. santé, *f.s.*	coupure, *f.*	rhume, *m.*	fièvre, *f.*
maladie, *f.*	brûlure, *f.*	sueur, *f.*	rougeole, *f. s.*
cause. *f.*	piqûre, *f.*	échauffement, *m.*	frisson, *m.*
symptôme, *m.*	morsure, *f.*	enrouement, *m*	délire, *m. s.*
effet, *m.*	blessure, *f.*	grippe, *f.*	folie, *f.*
pâleur, *f. s.*	fracture, *f.*	angine, *f.*	fluxion, *f.*
maigreur, *f.s.*	plaie, *f.*	catarrhe, *m.*	migraine, *f. s.*
douleur, *f.*	enflure, *f.*	indigestion, *f.*	dartre, *f.*
souffrance, *f.*	tumeur, *f.*	colique, *f.*	ulcère, *m.*
langueur, *f.*	cicatrice, *f.*	engelure, *f.*	pulmonie, *f.*
faiblesse, *f.*	pourriture, *f.*	entorse, *f.*	paralysie, *f.*
défaillance, *f.*	corruption, *f. s.*	durillon, *m.*	asthme, *m* (p. asme)
évanouissement, *m.*	gangrène, *f. s.*	cor, *m.*	peste, *f* choléra *m*

---

29. médecin, *m.*	médicament, *m.*	mourant, *m.*	inhumation, *f.*
docteur, *m.*	sirop, *m.*	moribond, *m.*	enterrement, *m.*
chirurgien, *m.*	tisane, *f.*	grabat, *m.*	sépulture, *f.*
pharmacien, *m*	breuvage, *m.*	grabataire, *m.*	embaumement, *m.*
dentiste *m.*	drogue, *f.*	soupir, *m.*	deuil, *m.*
aide, *m.* et *f.*	potion, *f.*	agonie, *f. s.*	larme, *f.*
consultation, *f.*	pilule, *f.*	léthargie, *f. s.*	sanglot, *m.*
régime, *m.*	onguent, *m.*	asphyxie, *f.*	cortége, *m.*
diète, *f.*	purgation, *f.*	mort, *f.*	fosse, *f.*
friction, *f.*	vésicatoire, *m.*	linceul, *m.*	fossoyeur, *m.*
saignée, *f.*	bandage, *m.*	cercueil, *m.*	tombe, *f.*
opération, *f.*	bain, *m.*	cadavre, *m.*	inscription, *f.*
guérison, *f.*	baignoire, *f.*	putréfaction, *f. s.*	épitaphe, *f.*

malade, *m.* et *f.*; blessé, *m.*; ambulance, *f.*; convalescence, *f. s.*

30. *Noms relatifs aux voyages et aux villes.*

voyage, *m.*	route, *f.*	départ, *m.*	promenade, *f.*
préparatif, *m.*	voiture, *f.*	trot, *m. s.*	excursion, *f.*
bâton, *m.*	courrier, *m.*	galop, *m. s.*	guide, *m.*
canne, *f.*	diligence, *f.*	course, *f.*	fatigue, *f.*
parapluie, *m.*	coupé, *m.*	distance, *f.*	lassitude, *f. s.*
passeport, *m.*	intérieur, *m.*	vitesse, *f. s.*	appétit, *m.*
malle, *f.*	banquette, *f.*	lenteur, *f.*	faim, *f. s.*
valise, *f.*	conducteur, *m.*	retard, *m.*	soif, *f. s.*
bissac, *m.*	postillon, *m.*	arrivée, *f.*	sommeil, *m. s.*
bagage, *m.*	cocher, *m.*	retour, *m.*	réveil, *m. s.*

---

31. ville, *f.*

ville, *f.*	quartier, *m.*	halle, *f.*	hospice, *m.*
cité, *f.*	faubourg, *m.*	abattoir, *m.*	basilique, *f.*
citadin, *m.*	place, *f.*	conduit, *m.*	nef, *f.*
octroi, *m.*	monde, *m.*	égout, *m.*	chœur, *m.*
rue, *f.*, ruelle, *f*	mouvement, *m.*	aqueduc, *m.*	sanctuaire, *m.*
boulevard, *m.*	carrosse, *m.*	gare, *f.*	dôme, *m.*
impasse, *f.*	cabriolet, *m.*	monument, *m.*	voûte, *f.*
pavé, *m.*	fiacre, *m.*	édifice, *m.*	colonne, *f.*
bitume, *m.*	berline, *f.*	portier, *m.*	pilier, *m.*
trottoir, *m.*	calèche, *f.*	concierge, *m.*	pilastre, *m.*
balayeur, *m.*	tilbury, *m.*	gardien, *m.*	corniche, *f.*
éclairage, *m.*	hôtel, *m.*	mairie, *f.*	statue, *f.*
réverbère, *m.*	restaurant, *m.*	musée, *m.*	tocsin, *m. s.*
carrefour, *m.*	restaurateur, *m.*	théâtre, *m.*	beffroi, *m.*

---

32. foire, *f.*

foire, *f.*	port, *m.*	navire, *m.*	bisquine, *f.*
marché, *m.*	jetée, *f.*	pont, *m.*	brick, *m.*
assemblée, *f.*	quai, *m.*	cale, *f.*	corvette, *f.*
bazar, *m.*	bassin, *m.*	mât, *m.*	frégate, *f.*
jouet, *m.*	écluse, *f.*	beaupré, *m.*	sloop, *m (sloupe)*
bimbelot, *m.*	barque, *f.*	misaine, *f. s.*	goëlette, *f. (pr. go).*
manége, *m.*	embarcation, *f.*	artimon, *m. s.*	yacht, *m., (pr. iac)*
cirque, *m.*	chaloupe, *f.*	cable, *m.*	flotte, *f.*
gymnase, *m.*	canot, *m.*	ancre (une), *f.*	flottille, *f.*
athlète, *m.*	esquif, *m.*	matelot, *m.*	escadre, *f.*
géant, *m.*	bac, *m.*	marin, *m.*	tempête, *f.*
charlatan, *m.*	batelier, *m.*	pilote, *m.*	naufrage, *m.*
magicien, *m.*	rame, *f.*, aviron, *m*	armateur, *m.*	corsaire, *m.*
sorcier, *m.*	amarre, *f.*	chargement, *m.*	pirate, *m.*
devin, *m.*, sibylle, *f*	cordage, *m.*	cargaison, *f.*	

33. *Noms relatifs au commerce et à l'industrie.*

commerce, m. s.	débit, m.	compte, m.	recette, f.
commerçant, m	envoi, m.	facture, f.	dépense, f.
trafic, m. s.	ballot, m.	reste, m., reliquat	budget, m.
négoce, m. s.	paquet, m.	solde, m. et f.	épargne, f.
négociant, m.	corde, f.	crédit, m.	gain, m.
banquier, m.	ficelle, f.	délai, m.	profit, m.
marchand, m.	charge, f.	billet, m.	ressource, f.
débitant, m.	camion, m.	traite, f.	placement, m.
magasin, m.	dépôt, m.	paiement, m.	prêt, m.
boutique, f.	rebut, m.	reçu, m.	souscription, f.
enseigne, f.	coût, m.	quittance, f.	versement, m.
patente, f.	détail, m.	acquit, m.	intérêt, m.
portefeuille, m.	tarif, m.	décharge, f.	rente, f.
calepin, m.	taxe, f.	caisse, f.	aisance, f. s.
affaire, f.	commission, f.	caissier, m.	fortune, f.
commande, f.	commissionnaire, m	registre, m.	trésor. m.
marchandise, f.	transport, m.	créance, f.	luxe, m. s.
denrée, f.	roulage, m. s.	créancier, m.	perte, f.
étalage, m.	cherté, f. s.	dette, f.	emprunt, m.
achat, m.	hausse, f. s.	débiteur, m.	faillite, f.
emplette, f.	baisse, f. s.	caution, f.	banqueroute, f.

---

34. industrie, f.	chef, m.	locomotive, f.	carrière, f.
atelier, m.	patron, m.	chauffeur, m.	extraction, f.
chantier, m.	ouvrier, m.	mécanicien, m.	marbre, m.
fabrique, f.	apprenti, m.	tube, m.	albâtre (le), m. s.
fabricant, m.	livret, m.	vapeur, f.	mine, f.
fabrication, f.	certificat, m.	piston, m.	galerie, f.
manufacture, f.	ouvrage (un), m.	rouage, m.	étain, m. s.
mécanique, f.	tâche, f.	ressort, m.	fer, m.
filature, f.	labeur, m.	robinet, m.	fonte, f.
usine, f.	paye, f. (ou paie).	soupape, f.	tôle, f. s.
verrerie, f.	salaire, m.	sifflet, m.	acier, m. s.
fonderie, f.	machine, f.	wagon, m.	cuivre, m.
imprimerie, f.	levier, m.	train, m.	zinc, m. s.
papeterie, f.	pince, f.	convoi, m.	platine, m. s.
raffinerie, f.	poulie, f.	voie, f.	dureté, f.
brasserie, f.	cric, m.	tunnel, m.	pesanteur, f. s.
exposition, f.	treuil, m.	station, f.	éclat, m.
brevet, m.	grue, f.	embarcadère, m.	arsenic, m. s.
médaille, f.	cabestan, m.	débarcadère, m.	poison (le), m.

Pierres précieuses : saphir, m.; topaze, f.; émeraude, f.; améthyste, f.; hyacinthe, f.

35. *Noms relatifs à la géographie et à l'histoire.*

géographie, f.	butte, f.	dégel, m.	mer, f.
bourg, m.	élévation, f.	avalanche, f.	océan, m.
bourgade, f.	montagne, f.	torrent, m.	flot, m.
commune, f.	mont, m.	digue, f.	vague, f.
paroisse, f.	volcan, m.	ravin, m.	écume, f.
canton, m.	cratère, m.	chute, f.	rocher, m. (*)
arrondissement, m.	lave, f.	cataracte, f.	île, f.; îlot, m.
département, m.	pic, m.	cascade, f.	cap, m.
province, f.	sommet, m	rivière, f.	phare, m.
contrée, f.	cime, f.	fleuve, m.	golfe, m.
région, f. climat, m	précipice, m.	courant, m.	baie, f.
limite, f.	descente, f.	détour, m.	rade, f.
frontière, f.	caverne f. autre, m	rive, f.	plage, f.
désert, m.	souterrain, m.	embouchure, f.	marée, f.

---

36. histoire, f.

époque, f.	empire, m.	autorité, f.	tyran, m.
ère (une), f.	empereur, m.	puissance, f.	tyrannie, f.
peuple, m.	impératrice, f.	préfet, m.	despote, m.
nation, f.	potentat, m.	préfecture, f.	despotisme, m. s.
patrie, f. s.	majesté, f. s.	maire, m.	dictateur, m.
royaume, m.	garde, f. et m.	adjoint, m.	impôt, m.
monarchie, f.	escorte, f.	président, m.	tribut, m.
république, f.	prince, m.	conseiller, m.	contribuable, m.
liberté, f.	flatteur, m.	citoyen, m.	privilége, m.
licence, f. s.	courtisan, m.	sujet, m.	exaction, f.
gouvernement, m.	ministre, m.	esclave, m. et f	oppression, f.
souverain, m.	ambassadeur, m.	serf, m.	plainte, f.
roi, m.	mission, f.	électeur, m.	murmure, m.
reine, f.	interprète, m.	député, m.	opposition, f.
royauté, f. s.	sénateur, m.	vote, m.	résistance, f.
règne, m.	sénat, m. s.	suffrage, m.	révolte, f.
régence, f.	dignitaire, m.	scrutin, m.	sédition, f.
sceptre, m.	rang, m.	ordre, m.	insurrection, f.
couronne, f.	noblesse, f. s.	concorde, f. s.	bouleversement, m.
diadème, m.	seigneur, m.	désordre, m.	ligue, f.
trône, m.	duc, m.	discorde, f.	complot, m.
dynastie, f.	duché, m.	cabale, f.	attentat, m.
conquérant, m.	comte, m.	rebelle, m.	abdication, f.
usurpateur, m.	baron, m.	insurgé, m.	déposition, f.
	fonctionnaire, m.	amnistie, f.	anarchie, f. s.

(*) Les noms en *er* et en *ment* sont du masculin. (Qq. ex.)

37. *Suite des noms relatifs à l'histoire (termes de guerre).*

arme, *f.*	camp, *m.*	guerre, *f.*	défaite, *f.*
flèche, *f.*	forteresse, *f.*	ennemi, *m.*	déroute, *f.*
arc, *m.*	refuge, *m.*	bataille, *f.*	désastre, *m.*
arbalète, *f.*	rempart, *m.*	lutte, *f.*	scène, *f.*
lance, *f.*	redoute, *f.*	hostilité, *f.*	massacre, *m.*
pique, *f.*	poudrière, *f.*	combat, *m.*	trêve, *f.*
poignard, *m.*	siége, *m.*	escarmouche, *f.*	suspension, *f.*
sabre, *m.*	factionnaire, *m.*	échec, *m.*	armistice, *m.*
épée, *f.*	sentinelle, *f.*	manœuvre, *f.* (**)	traité, *m.*
fusil, *m.*	guérite, *f.*	surprise *f.*	pacification, *f.*
baïonnette, *f.*	espion, *m.*	attaque, *f.*	otage, *m.*
arquebuse, *f.*	piége, *m.*	assaut, *m.*	rançon, *f.*
mousquet, *m.*	embuscade, *f.*	brèche, *f.*	alliance, *f.*
pistolet, *m.*	péril, *m. danger, m.*	mêlée, *f.*	union, *f.*
carabine, *f.*	alarme, *f.*	reddition, *f.*	sûreté, *f.*
canon, *m.*	rappel, *m.*	capitulation, *f.*	gloire, *f.*
bombe, *f.*	tambour, *m.*	victoire, *f.*	prestige, *m.*
boulet, *m.*	trompette, *f.* (*)	pillage, *m.*	renommée, *f.*
mitraille, *f. s.*	clairon, *m.*	butin, *m. s.*	triomphe, *m.*

38. tirage, *m.*	militaire, *m.*	grenadier, *m.*	armée, *f.*
sort, *m.*	soldat, *m.*	carabinier, *m.*	infanterie, *f. s.*
numéro, *m.*	uniforme, *m.*	voltigeur, *m.*	cavalerie, *f. s.*
conscrit, *m.*	tunique, *f.*	cavalier, *m.*	artillerie, *f. s.*
recrutement, *m.*	galon, *m.*	cuirassier, *m.*	génie, *m. s.*
contingent, *m.*	épaulette, *f.*	lancier, *m.*	bataillon, *m.*
révision, *f.*	casque, *m.*	dragon, *m.*	escadron, *m.*
exemption, *f.*	shako, *m.*	hussard, *m.*	régiment, *m.*
réforme, *f.*	képi, *m.*	artilleur, *m.*	étendard, *m.*
exonération, *f.*	cuirasse, *f.*	sapeur, *m.*	réserve, *f.*
remplaçant, *m.*	ceinturon, *m.*	grade, *m.*	traître, *m.*
service, *m.*	baudrier, *m.*	hiérarchie, *f. s.*	lâche, *m.*
exercice, *m.*	courroie, *f.*	sergent, *m.*	déserteur, *m.*
revue, *f.*	piéton, *m.*	fourrier, *m.*	désertion, *f.*
libération, *f.*	fantassin, *m.*	adjudant, *m.*	fuite, *f.*
gendarme, *m.*	fusilier, *m.*	officier, *m.*	fuyard, *m.*
gendarmerie, *f.*	capsule, *f.*	lieutenant, *m.*	captif, *m.*
brigade, *f.*	cartouche, *f.*	capitaine, *m.*	vétéran, *m.*
légion, *f.*	munition, *f.*	major, *m.*	invalide, *m.*
caserne, *f.*	alignement, *m.*	colonel, *m.*	retraite, *f.*

(*) *Trompette* est du masculin quand il désigne celui qui joue de la trompette.
(**) *Manœuvre* est masc. quand il désigne un ouvrier qui travaille des mains.

39. *Noms relatifs aux contrats et aux lois.*

enfant, m. et f.	annonce, f.	acheteur, m.	don, m.
adulte, m. et f.	affiche, f.	acquéreur, m.	donation, f.
garçon, m.	notaire, m.	acquisition, f.	donateur, m.
homme, m.	notariat, m.	location, f.	donataire, m. et f.
mari, m.	confrère, m.	louage, m.	testament, m.
gendre, m.	collègue, m.	loyer, m.	testateur, m.
fille, f.	clerc, m. (pr. clère)	fermage, m.	légataire, m. et f.
femme, f.	pratique, f.	bailleur, m.	succession, f.
dot, f. (pr. dote)	client, m. (pr. an)	preneur, m.	héritage, m.
famille, f.	clientèle, f.	échange, m.	héritier, m.
dame, f.	contrat, m.	accommodement, m.	immeuble, m.
demoiselle, f.	copie, f.	transaction, f.	possession, f.
majorité, f. s.	expédition, f.	cession f. (*)	propriété, f.
minorité, f. s.	extrait, m.	concession, f.	jouissance, f.
tutelle, f.	renseignement, m.	avantage, m.	usufruit, m. s.
adoption, f.	acte (un), m.	gratification, f.	partage, m.
nom, m.	naissance, f.	acceptation, f.	part, f.
prénom, m.	mariage, m.	condition, f.	portion, f.
âge (un), m.	vente, f.	clause, f.	lot, m.
domicile, m.	vendeur, m.	stipulation, f.	loterie, f.

40. promesse, f.	enquête, f.	saisie, f.	loi, f.
garantie, f.	arbitre, m.	réclamation, f.	article, m.
dédit, m.	expert, m.	convention, f.	texte, m.
tort, m.	témoin, m.	pétition, f.	commentaire, m.
préjudice, m.	serment, m.	apostille, f.	code, m.
lésion, f.	témoignage, m.	recommandation, f.	législation, f.
chicane, f.	déclaration, f.	procuration, f.	décret, m.
contestation, f.	preuve, f.	mandat, m.	ordonnance, f.
différend, m.	attestation, f.	mandant, m.	édit, m.
huissier, m.	rectification, f.	mandataire, m.	règlement, m.
sommation, f.	plaidoyer, m.	formalité, f.	arrêt, m.
exploit, m.	juge, m.	enregistrement, m. s	arrêté, m.
poursuite, f.	magistrat, m.	délit, m.	approbation, f.
procédure, f.	jury, m.	délinquant, m.	homologation, f.
plaideur, m.	verdict, m.	contravention, f.	publication, f.
adversaire, m.	greffier, m.	titre, m.	promulgation, f.
audience, f.	condamnation, f.	parchemin, m.	prorogation, f.
avocat, m.	acquittement, m.	usage (un), m.	dérogation, f.
défenseur, m.	amende, f.	coutume, f.	abolition, f.
avoué, m.	restitution, f.	prescription, f.	abrogation, f.

(*) Ne pas confondre avec *session*, action de siéger, de tenir séance.

41. *Noms relatifs aux visites et à l'instruction.*

visite, f.	parole, f.	demande, f.	enveloppe, f.
compagnie, f.	langage, m. s.	question, f.	cire, f. s.
société, f.	nouvelle, f.	réponse, f.	cachet, m.
réunion, f.	anecdote, f.	réplique, f.	adresse. f.
salut, m.	conte, m.	remarque, f.	suscription, f.
salutation, f.	fable, f.	observation, f.	timbre, m.
souhait, m.	secret, m.	éclaircissement, m.	poste, f.
compliment, m.	énigme, f.	discussion, f.	boîte, f.
réception, f.	proverbe, m.	lettre, f.	facteur, m.
accueil. m.	maxime, f.	dépêche, f.	correspondance, f.
respect, m.	sentence, f.	circulaire, f.	relation, f.
convenance, f.	vérité, f.	date, f.	invitation, f.
conversation, f.	erreur, f.	signature, f.	fréquentation, f.
entretien, m.	dialogue, m.	parafe (le) m (phe)	remerciement, m.

42.			
éducation, f. s	appel, m. s.	examen, m. (**)	grammaire, f.
école, f.	présence, f. s.	composition, f.	orthographe, f.
écolier, m.	absence, f.	résultat, m.	analyse, f.
pension, f.	assiduité, f. s.	réussite, f. s.	mot, m., syllabe, f
pensionnat, m.	tenue, f. s.	congé, m.	terme, m.
pensionnaire, m et f	discipline, f. s.	récréation, f.	expression, f.
classe, f.	silence, m. s.	récompense, f.	genre, m.
parloir, m.	étude, f.	éloge (un), m.	espèce, f.
dortoir, m.	devoir, m.	estime, f. s.	définition, f.
réfectoire, m.	leçon, f.	honneur, m.	exception, f.
instituteur, m.	occupation, f.	mérite, m.	phrase, f.
directeur, m.	application, f. s.	instruction, f.	locution, f.
collége, m.	conseil, m.	lecture, f.	prose, f. s.
collégien, m.	exhortation, f.	écriture, f.	style, m.
lycée. m.	faute, f.	alphabet, m.	récit, m.
lycéen, m.	excuse, f.	manuel, m.	narration, f.
élève, m. et f.	blâme, m.	manuscrit, m.	description, f.
interne, m. et f.	reproche (le), m.	traité, m.	poésie, f.
externe, m. et f.	réprimande, f.	abrégé, m.	poëme, m.
étudiant, m.	punition, f.	prononciation, f.	poëte, m.
surveillant, m.	pensum, m. (*)	son, m.	romance, f.
aumônier, m.	rigueur, f.	liaison, f.	chanson, f.
professeur, m.	rigorisme, m	accent, m.	refrain, m.
proviseur, m.	douceur, f.	bégaiement, m. s.	couplet, m.
censeur, m.	grâce, f.	grasseyement, m. s.	littérature, f.

(*) On prononce *pinsome*. — (**) Prononcez *examin*. Pas d'accent sur l'e
p. 9).

43. *Suite des noms relatifs à l'instruction.*

nombre, *m.*	addition, *f.*	arpentage, *m. s.*	principe, *m.*
chiffre, *m.*	somme, *f.*	toisé, *m. s.*	théorie, *f.*
grandeur, *f.*	soustraction, *f.*	géométrie, *f. s.*	système, *m.* (1)
quantité, *f.*	différence, *f.*	supposition, *f.*	science, *f.*
unité, *f.*	multiplication, *f.*	hypothèse, *f.*	art, *m.* méthode
fraction, *f.*	division, *f.*	démonstration, *f.*	physique, *f. s.*
demi, *m.*	dividende, *m.*	conséquence, *f.*	physicien, *m.*
moitié, *f.*	problème, *m.* (1)	parallèle, *f.*	matière, *f.*
quart, *m.*	solution, *f.*	triangle, *m.*	substance, *f.*
quartéron, *m.*	calcul, *m.*	carré, *m.*	élément, *m.*
huitaine, *f.*	arithmétique, *f.*	rectangle, *m.*	ballon, *m.*
neuvaine, *f.*	dessin, *m.*	losange, *m.*	aérostat, *m.*
dizaine, *f.*	peinture, *f.*	polygone, *m.*	aéronaute, *m.*
douzaine, *f.*	portrait, *m.*	cercle, *m.*	nacelle, *f.*
quinzaine, *f.*	couleur, *f.*	circonférence, *f.*	ascension, *f.*
vingtaine, *f.*	nuance, *f.*	diamètre, *m.*	baromètre, *m.*
trentaine, *f.*	musique, *f.*	rayon, *m.*	boussole, *f.*
quarantaine, *f.*	musicien, *m.*	ellipse, *f.*	paratonnerre, *m.*
cinquantaine, *f.*	artiste, *m. et f.*	cylindre, *m.*	télégraphe, *m.*
centaine, *f.*	orgue, *m. et f.*	cône, *m.*	télescope, *m.*
millier, *m.*	piano, *m.*	pyramide, *f.*	astronome, *m.*
million, *m.*	violon, *m.*	sphère, *f.*	observatoire, *m.*
milliard, *m.*	archet, *m.*	pôle, *m.*	académie, *f.*
* billion, *m.*	guitare, *f.*, lyre. *f.*	méridien, *m.*	recteur, *m.*
trillion, *m.*	orchestre, *m.* (p. kes)	équateur, *m. s.*	université, *f.*

44. *Noms relatifs à la religion.*

religion, *f.*	messe, *f.*	bénitier, *m.*	épitre, *f.*
curé, *m.*	office, *m.* (2)	goupillon, *m.*	évangile, *m.*
vicaire, *m.*	missel, *m.*	chaire, *f.*	prône, *m.*
bréviaire, *m.*	graduel, *m.*	lutrin, *m.*	sermon, *m.*
soutane, *f.*	antiphonaire, *m.*	chantre, *m.*	prédication, *f.*
calotte, *f.*	célébrant, *m.*	chape, *f.*	assistance, *f. s.*
presbytère, *m.*	chasuble, *f.*	stalle, *f.*	auditoire, *m.*
cimetière, *m.*	étole, *f.*	cierge, *m.*	quête, *f.*
église, *f.*	prière, *f.*	encensoir, *m.*	collecte, *f.*
temple, *m.*	oraison, *f.*	autel, *m.*	préface, *f.*
chapelle, *f.*	invocation, *f.*	ciboire, *m.*	sacrement, *m.*
tour, *m.*	antienne, *f.*	hostie, *f.*	communion, *f.*
clocheton, *m.*	verset, *m.*	calice, *m.*	bénédiction, *f.*

---

(1) Les noms en *ème* prennent l'accent grave. — Excepté *baptême, carême* et *saint chrême*, qui prennent le circonflexe.

(2) Le mot *office* est *fém.* quand il désigne l'endroit où l'on range la vaisselle.

45. *Suite des noms relatifs à la religion.*

fête, f.	tentation, f.	jeûne, m.	croyance, f.
solennité, f. (pr. la)	péché, m.	abstinence, f.	dogme, m.
procession, f.	jurement, m.	mortification, f.	doctrine, f.
multitude, f.	blasphème, m.	carême, m.	symbole, m.
reposoir, m.	pénitence, f.	jubilé, m.	ange, m.
ostensoir, m.	confession, f.	pâque, f et m. (1)	archange, m.
calvaire, m.	regret, m.	foi, f. s.	mystère, m.
génuflexion, f.	repentir, m. s.	espérance, f.	rédemption, f. s.
cérémonie, f.	contrition, f. s.	charité, f. s.	miracle, m.
illumination, f.	conversion, f.	morale, f. s.	prodige, m.
splendeur, f.	pardon, m. s.	commandement, m.	résurrection, f.
catéchisme, m.	rémission, f. s.	précepte, m.	purgatoire, m.
cantique, m.	absolution, f. s.	précepteur, m.	délivrance, f. s.
psaume, m.	ferveur, f. s.	adoration, f.	enfer, m. damné.
hymne, f. et m.	piété, f. s.	hommage, m.	démon, m.
strophe, f.	dévotion, f.	louange, f.	tourment, m.
motet, m.	perfection, f.	culte, m.	supplice, m.
chapelet, m.	sainteté, f. s.	liturgie, f.	éternité, f. s.

46. clergé, m. s.	missionnaire, m.	apôtre, m.	chrétien, m.
sacristie, f.	chanoine, m.	apostolat, m.	christianisme, m. s.
sacristain, m.	évêque, m.	disciple, m.	catholique, m. et f.
diacre, m.	pontife, m.	prophète, m.	catholicisme, m. s.
acolyte, m.	prélat, m.	prophétie, f.	protestant, m.
prêtre, m.	crosse, f.	prédiction, f.	protestantisme, m. s
pasteur, m.	mitre, f.	oracle, m.	luthérien, m.
doyen, m.	cathédrale, f.	martyr, m.	luthéranisme, m.
chapelain, m.	séminaire, m.	relique, f.	calviniste, m.
abbaye, f. pr. (a bé-i)	diocèse, m.	persécution, f.	anglican, m.
abbé, m.	diocésain, m.	parjure, m.	mahométan, m. (2)
cloître, m.	archevêque, m.	hérétique, m.	fanatique, m.
couvent, m.	métropolitain, m.	hérésie, f.	apostat, m.
communauté, f.	métropole, f.	schismatique, m.	impie, m. et f.
monastère, m.	primat, m.	schisme, m.	déiste, m.
moine, m.	patriarche, m.	concile, m.	athée, m.
froc, m.	patriarchat (pr. ka)	décision, f.	athéisme, m. s.
capucin, m.	pape, m.	infaillibilité, f. s.	païen, m.
ermite, m.	papauté, f. s.	excommunication, f.	idolâtre, m.
ermitage, m.	légat, m.	bulle, f.	idolâtrie, f.
isolement, m.	nonce, m.	encyclique, f.	paganisme, m. s.

(1) Au masculin, le mot *pâques* prend ordinairement une *s*.

(2) La coiffure des mahométans est le *turban*, que portent aussi les zouaves.

47. *Noms relatifs aux opérations de l'âme.*

joie, *f.*	espoir, *m. s.*	âme, *f.*	conscience, *f. s.*
hilarité, *f.*	désespoir, *m. s.*	esprit, *m.*	opinion, *f.*
plaisir, *m.*	amour, *m.* et *f.*	intelligence, *f.*	persuasion, *f.*
contentement, *m. s.*	amitié, *f.*	raison, *f.*	conviction, *f.*
satisfaction, *f. s*	affection, *f.*	attention, *f.*	volonté, *f.*
jouissance, *f.*	antipathie, *f.*	mémoire, *f.* (1)	intention, *f.*
peine, *f.*	sympathie, *f.*	souvenir, *m.*	penchant, *m.*
chagrin, *m.*	haine, *f.*	oubli, *m.*	inclination, *f.*
affliction, *f.*	humeur, *f.*	jugement, *m.*	caprice, *m.*
tristesse, *f.*	méfiance, *f.*	raisonnement, *m.*	passion, *f.*
honte, *f. s.*	répulsion, *f.*	subtilité, *f.*	enthousiasme, *m. s.*
confusion, *f. s.*	horreur, *f.*	conception, *f.*	imagination, *f.*
crainte, *f.* peur, *f.*	pitié, *f. s.* (2).	inspiration, *f.*	rêve, *m.*
appréhension, *f.*	commisération, *f. s.*	méditation, *f*	songe, *m.*
frayeur, *f.*	émotion, *f.*	comparaison, *f.*	fantôme, *m.*
effroi, *m. s.*	sensation, *f.*	combinaison, *f.*	spectre, *m.*
terreur, *f.*	sentiment, *m.*	affirmation, *f.*	chimère, *f.*
stupeur, *f. s.*	idée, *f.*	négation, *f.*	préjugé, *m.*
inquiétude, *f.*	pensée, *f.*	hésitation, *f.*	illusion, *f.*
souci, *m.*	instinct, *m.*	connaissance, *f*	déception, *f.* (3)

48 *Noms de vertus et de qualités.*

vertu, *f.*	propreté, *f. s.*	modestie, *f. s.*	loyauté, *f. s.*
qualité, *f.*	beauté, *f.*	humilité, *f. s.*	reconnaissance,
bonté, *f.*	élégance, *f.*	énergie, *f. s.*	gratitude, *f. s.*
douceur, *f.*	finesse, *f.*	fermeté, *f. s.*	prudence, *f. s.*
gaieté, *f. s.*	habileté, *f.*	sévérité, *f.*	précaution, *f.*
naïveté, *f.*	talent, *m.*	courage, *m.*	discrétion, *f. s.*
simplicité, *f. s.*	zèle, *m. s.*	résignation, *f. s*	circonspection, *f.*
amabilité, *f.*	ardeur, *f.*	clémence, *f. s.*	prévoyance, *f. s*
affabilité, *f.*	héroïsme, *m.*	indulgence, *f.*	patience, *f. s.*
vivacité, *f.*	entrain, *m. s.*	bienveillance, *f. s.*	économie, *f.*
innocence, *f. s.*	promptitude, *f.*	désintéressement, *m. s*	persévérance, *f. s.*
candeur, *f. s.*	activité, *f. s.*	générosité, *f.*	frugalité, *f. s.*
sagesse, *f. s.*	exactitude, *f. s.*	bienfaisance, *f. s*	tempérance, *f. s*
franchise, *f.*	réflexion, *f.*	justice, *f. s.*	modération, *f. s*
obéissance, *f. s.*	précision, *f. s.*	équité, *f. s.*	sobriété, *f. s.*
politesse, *f.*	justesse, *f.*	honneur, *m.*	décence, *f. s.*
civilité, *f.*	rectitude, *f. s.*	probité, *f. s.*	pudeur, *f. s.*
bienséance, *f.*	capacité, *f.*	intégrité, *f.*	impartialité, *f s*
obligeance, *f.*	discernement, *m. s.*	droiture, *f. s.*	expérience, *f.*
sensibilité, *f. s.*	perspicacité, *f s*	fidélité, *f. s.*	philanthropie, *f*

(1) Le mot *mémoire* est du masculin quand il désigne un compte, une facture.
(2) Les noms en *tié* comme *pitié*, *amitié*, etc., sont féminins. (Acad.)
(3) Les noms en *ion* sont du féminin. Il en est de même des noms de vertus et de qualités. (Quelques exceptions.)

49. *Noms de vices et de crimes.*

défaut, *m.*	sottise, *f.*	ivrognerie, *f.*	cruauté, *f.*
vice, *m.*	médisance, *f.*	intempérance, *f. s.*	forfait, *m.*
crime, *m.*	malveillance, *f. s.*	ivresse, *f. s.*	duel, *m.*
babillage, *m. s.*	calomnie, *f.*	laideur, *f. s.*	suicide, *m.*
babil, *m. s.*	ingratitude, *f.*	bassesse, *f.*	assassinat, *m.*
malice, *f.*	colère, *f. s.*	fragilité, *f. s.*	assassin, *m.*
espièglerie, *f.*	jalousie, *f.*	perversité, *f. s.*	bandit, *m.*
légèrete, *f.*	envie, *f.*	débauche, *f.*	coquin, *m.*
pétulance, *f. s.*	dépit, *m.*	impiété, *f.*	scélérat, *m.*
curiosité, *f. s.*	rancune, *f.*	vanité, *f. s.*	brigand, *m.*
imprudence, *f.*	vengeance, *f.*	vanterie, *f. s.*	forçat, *m.*
gourmandise, *f. s.*	tromperie, *f.*	jactance, *f. s.*	galérien, *m.*
mensonge, *m.*	fausseté, *f.*	ostentation, *f. s*	châtiment, *m.*
rudesse, *f. s.*	fourberie, *f.*	orgueil, *m. s.*	répression, *f. s.*
insolence, *f.*	fraude, *f.*	faste, *m. s.*	cachot, *m.*
injure, *f.*	duplicité, *f. s.*	fierté, *f. s.*	prison, *f. s.*
insulte, *f.*	perfidie, *f.*	opiniâtreté, *f. s*	exil, *m.*
paresse, *f. s.*	ruse, *f.*	ambition, *f. s.*	expulsion, *f.*
oisiveté, *f. s.*	menace, *f.*	avarice, *f. s.*	déportation, *f.*
mollesse, *f. s.*	violence, *f.*	cupidité, *f. s.*	bagne, *m.*
négligence, *f.*	vol, *m.*	prodigalité, *f.*	potence, *f.*
indolence, *f. s.*	voleur, *m.*	prodigue, *m.*	torture, *f.*
apathie, *f. s.*	fripon, *m.*	dédain, *m.*	échafaud, *m.*
ignorance, *f. s.*	escroc, *m.*	moquerie, *f.*	guillotine, *f.*

50. *Noms qui ne s'emploient qu'au pluriel*

Outre les noms de mois (janvier, février, etc.), il y a, dans les pages précédentes, un certain nombre de mots tels que : *sang, faim, soif, pitié, zèle, orgueil,* etc., qui ne s'emploient qu'au singulier ; en voici d'autres qui, au contraire, ne sont guère usités qu'au pluriel ; ils finissent tous par *s* ou *x.*

reins, *m. pl.*	étrennes, *f. pl.*	vêpres, *f. pl.*	épices, *f. pl.*
hardes, *f. pl.*	breloques, *f. pl.*	complies, *f. pl.*	prémices, *f. pl* (2)
nippes, *f. pl.*	pierreries, *f. pl.*	litanies, *f. pl.*	épinards, *m. pl.*
atours, *m. pl.*	fiançailles, *f. pl.*	fonts, *m. pl.* (1).	entrailles, *f. pl.*
attraits, *m. pl.*	ancêtres. *m. pl.*	déboursés, *m. pl.*	décombres, *m. pl.*
haillons, *m. pl.*	pleurs, *m. pl.*	débours, *m. pl*	balayures, *f. pl.*
mouchettes, *f. pl.*	funérailles, *f. pl.*	arrhes, *f. pl.*	broussailles, *f. pl.*
tenailles, *f. pl.*	obsèques, *f. pl.*	finances, *f. pl.*	latrines, *f. pl.*
pincettes, *f. pl.*	mânes, *m. pl.*	mathématiques. *f. p*	immondices, *f. pl.*
lunettes, *f. pl.*	abois, *m. pl.*	archives, *f. pl.*	ciseaux, *m. pl.*
besicles, *f. pl.*	ténèbres, *f. pl.*	annales, *f. pl.*	matériaux, *m. pl.*

---

(1) Le mot *fonds,* au pluriel, s'écrit par un *d* quand il désigne une somme d'argent : *avoir des fonds.* —(2) Il y a aussi *prémisses,* terme de logique.

51. *Noms terminés au singulier par s, x ou .*

(Ces noms ne changent pas au pluriel.)

fils, *m.*	bras, *m.*	palais, *m.*	voix, *f.*
radis, *m.*	bas, *m.*	laquais, *m.*	noix, *f.*
salsifis (le), *m.*	tas, *m.*	marais, *m.*	croix, *f.*
buis, *m.*	amas, *m.*	engrais, *m.*	choix, *m.*
puits, *m.*	repas, *m.*	rabais, *m.*	paix, *f. s.*
souris, *f.* et *m.*	trépas, *m.*	bois, *m.*	faix, *m.*
brebis, *f.*	lilas, *m.*	pois à manger, *m*	portefaix, *m.*
logis, *m.*	compas, *m.*	poids à peser, *m*	prix, *m.*
tapis, *m.*	atlas, *m.*	discours, *m.*	perdrix, *f.*
lambris, *m.*	cadenas, *m.*	concours, *m.*	crucifix, *m.*
appentis, *m.*	matelas, *m.*	secours, *m.*	toux, *f.*
devis, *m.*	embarras, *m.*	repos, *m.*	époux, *m.*
pays, *m.*	legs, *m.*, donation	héros, *m.*	courroux, *m.*
avis, *m.*	mets, *m.*, aliment.	revers, *m.*	chaux, *f. s.*
mépris, *m.*	excès, *m.*	univers, *m. s.*	faux, *f.*
commis, *m.*	décès, *m.*	temps, *m.*	taux, *m.*
colis, *m.*	succès, *m.*	encens, *m. s.*	nez, *m.*
panaris, *m.*	progrès, *m.*	abus, *m.*	riz, *m.*
rubis, *m.*, pierre rge	procès, *m.*	remords, *m.*	gaz, *m.*

52. *Noms terminés au singulier par* au *ou par* eu.

(Pour mettre ces mots au pluriel, on ajoute un *x* à la fin de chacun d'eux.)

couteau, *m.*	râteau, *m.*	tableau, *m.*	préau, *m.*
gâteau, *m.*	rouleau, *m.*	bureau, *m.*	étau, *m.*
morceau, *m.*	terreau, *m.*	écriteau, *m.*	tuyau, *m.*
chanteau, *m.*	porreau, *m.*	drapeau, *m.*	joyau, *m.*
copeau, *m.*	cordeau, *m.*	cadeau, *m.*	sarrau, *m.*
château, *m.*	bigarreau, *m.*	bateau, *m.*	noyau, *m.*
arceau, *m.*	ormeau, *m.*	radeau, *m.*	boyau, *m.*
berceau, *m.*	arbrisseau, *m.*	vaisseau, *m.*	aloyau, *m.*
rideau, *m.*	oiseau, *m.*	ruisseau, *m.*	cheveu, *m.*
anneau, *m.*	moineau, *m.*	tonneau, *m.*	neveu, *m.*
carreau, *m.*	corbeau, *m.*	caveau, *m.*	jeu, *m.*
cerceau, *m.*	perdreau, *m.*	sceau, *m.*	lieu, *m.*
chapeau, *m.*	lapereau, *m.*	fourneau, *m.*	pieu, *m.*
manteau, *m.*	chevreau, *m.*	fuseau, *m.*	milieu, *m.*
trousseau, *m.*	agneau, *m.*	fardeau, *m.*	moyeu, *m.*
plumeau, *m.*	louveteau, *m.*	escabeau, *m.*	adieu, *m.*
flambeau, *m.*	taureau, *m.*	tombeau, *m.*	aveu, *m.*
plateau, *m.*	veau, *m.*	bourreau, *m.*	vœu, *m.*

53. *Noms en ou.*

(Les sept suivants prennent un *x* au pluriel.)

bijou, *m*.	chou, *m*.	hibou, *m*.	pou, *m*.
caillou, *m*.	genou, *m*.	joujou, *m*.	—

(Les suivants prennent une *s* au pluriel.)

sou, *m*.	fou, *m*.	écrou, *m*.	acajou, *m*.
clou, *m*.	filou, *m*.	verrou, *m*.	coucou, *m*.
trou, *m*.	licou, *m*.	bambou, *m*.	sapajou, *m*.

54. *Noms en al.*

(Pour mettre les noms suivants au pluriel, on remplace *al* par *aux*.)

cheval, *m*.	journal, *m*.	hôpital, *m*.	caporal, *m*.
animal, *m*.	diurnal, *m*.	local, *m*.	général, *m*.
végétal, *m*.	cristal, *m*.	tribunal, *m*.	maréchal, *m*.
métal, *m*.	bocal, *m*.	arsenal, *m*.	amiral, *m*.
minéral, *m*.	étal, *m*.	signal; *m*.	cardinal, *m*.
canal, *m*.	quintal, *m*.	total, *m*.	confessionnal, *m*.

(Les noms suivants en *al* prennent une *s* au pluriel.)

bal, *m*.   carnaval, *m*.   chacal, *m*.   nopal, *m*.   régal, *m*.

55. *Noms en ail.*

(Au pluriel, les sept suivants changent *ail* en *aux*.)

bail, *m*.	émail, *m*.	travail, *m*.	vitrail, *m*.
corail, *m*.	soupirail, *m*.	vantail, *m*.	—

(Les suivants prennent une *s* au pluriel.)

éventail, *m*.	portail, *m*.	détail, *m*.	ail. *m*. (ce dernier
camail, *m*.	poitrail, *m*.	gouvernail, *m*.	fait *ails* ou *aulx* au pluriel.)

56. *Noms irréguliers.*

bétail, *m. s.*; bestiaux, *m. pl.*	ciel, *m. s.*; ciels et cieux, *m. pl.*
aïeul, *m. s.*; aïeuls et aïeux, *m. pl.*	œil, *m. s.*; œils et yeux, *m. pl.*

monsieur, *m. s.* (pr. *mocieu*);   madame, *f. s.*;   mademoiselle, *f. s.*
messieurs, *m. pl.* (pr. *mécieux*); mesdames, *f. pl.*; mesdemoiselles, *f. pl.*

Les noms ou substantifs sont des mots qui servent à désigner ou à nommer les personnes et les choses.

CHAPITRE 2. — ARTICLES.

(Mots qui indiquent le genre et le nombre des noms.)

57.   1° *Articles simples.*

le, *m. s.*   **la,** *f. s.*   **les,** *pl.*   *masculin* ou *féminin.*

2° *Article élidé.*

l' (mis pour *le* ou pour *la*).

3° *Articles contractés.*

du, *m. s.* **des,** *pl. des 2 genres.* **au,** *m. s.* **aux,** *pl. des 2 genres.*

CHAPITRE 3. — ADJECTIFS.

(Mots qui servent à qualifier ou à déterminer les noms)

1re classe. — Adjectifs qualificatifs.

58.   1° *Adjectifs exprimant de bonnes qualités.*

(Pour mettre ces adjectifs au féminin, il suffit d'ajouter un *e* à la fin.)

poli.	instruit.	intelligent.	décent.
civil.	savant.	intéressant.	vaillant.
obéissant.	patient.	charmant.	éloquent.
adroit.	réfléchi.	reconnaissant.	excellent.
assidu.	prompt.	humain.	parfait.
persévérant.	exact.	obligeant.	divin.
zélé.	prudent.	bienveillant.	saint.
fervent.	prévoyant.	bienfaisant.	dévot.

59.   2° *Adjectifs exprimant de mauvaises qualités.*

méchant.	têtu.	fainéant.	maladroit.
dissipé.	entêté.	négligent.	imprudent.
étourdi.	obstiné.	indolent.	hautain.
turbulent.	mutin.	indifférent.	inhumain.
babillard.	impoli.	ignorant.	ingrat.
bavard.	incivil.	délicat.	effronté.
lent.	insolent.	friand.	déréglé.
lambin.	violent.	gourmand.	extravagant.

(Mettre ces adjectifs au féminin en ajoutant un *e* à la fin de chaque mot).

60. *3° Adjectifs exprimant une manière d'être quelconque*

(forme, couleur, qualités bonnes ou mauvaises).

rond.	grand.	petit.	âgé.
carré.	fort.	laid.	aîné.
haut.	joli.	vilain.	orphelin.
court.	élégant.	estropié.	seul.
étroit.	gai.	bossu.	pair.
lourd.	ouvert.	insensé.	impair.
pesant.	décidé.	malsain.	exempt.
plein.	résolu.	sanguin.	présent.
profond.	sûr.	sourd.	absent.
fécond.	vrai.	enroué.	voisin.
dur.	séant.	enrhumé.	lointain.
pliant.	exact.	souffrant.	isolé.
cassant.	correct.	patient.	différent.
apparent.	incorrect.	exigeant.	rusé.
transparent.	suspect.	affamé.	subtil.
brillant.	hardi.	indigent.	défiant.
clair.	prêt.	mendiant.	médisant.
obscur.	content.	vagabond.	intrigant.
noir.	mécontent.	errant.	superflu.
brun.	récent.	mondain.	mesquin *(air)*
blond.	ardent.	pénitent.	distinct *(son)*
vert.	indulgent.	imparfait.	succinct *(discours)*
bleu.	puissant.	imprévu.	strict *(devoir)*
hâlé.	opulent.	subit.	direct *(complém^t)*
intact.	influent.	fatigant (1).	indirect.

(Mettre les adjectifs ci-dessus au féminin en ajoutant un *e* à la fin.)

61.

gris.	concis.	soumis.	exquis.
niais.	indécis.	insoumis.	pervers.
égal.	oral.	partial.	communal.
inégal.	principal.	impartial.	vicinal.
moral.	capital.	légal.	royal.
immoral.	ordinal.	illégal.	impérial.
brutal.	normal.	social.	national.
fatal.	final.	glacial.	nasal.
filial.	frugal.	naval.	pascal.

---

(1) Ne pas confondre les adjectifs *fatigant, négligent, violent,* etc., avec les participes *fatiguant, négligeant, violant,* etc.

62.   *4° Adjectifs terminés au masculin par un e.*

(Ils ne changent pas au féminin . livre *utile*, chose *utile*.)

fade.	sage.	triste.	lisible.
âcre.	docile.	sévère.	illisible.
indigeste.	brusque.	humble.	possible.
propre.	faible.	timide.	impossible.
malpropre.	robuste.	facile.	sensible.
sale.	brave.	difficile.	insensible.
pâle.	sincère.	fertile.	incorrigible.
maigre.	fidèle.	stérile.	capable.
mince.	honnête.	sobre.	incapable.
infirme.	tranquille.	économe.	coupable.
difforme.	calme.	versatile.	blâmable.
borgne.	habile.	nécessaire.	aimable.
aveugle.	leste.	contraire.	affable.
myope (voit de près)	agile.	absurde.	agréable.
presbyte (v. de loin)	alerte.	antique.	estimable.

(Comme exercice, l'élève dira si les qualités exprimées sont bonnes ou
mauvaises.)

63.   *5° Adjectifs terminés au féminin par un x.*

(Pour les mettre au féminin, on remplace l'*x* par *se* : curi*eux*, curi*euse*).

curieux.	heureux.	creux.	pieux.
envieux.	bienheureux.	raboteux	vertueux.
paresseux.	malheureux.	tortueux.	vicieux.
laborieux.	boiteux.	sinueux.	odieux.
studieux.	nerveux.	poudreux.	scrupuleux.
soigneux.	fiévreux.	sablonneux.	religieux.
frileux.	furieux.	vaseux.	irréligieux.
peureux.	impétueux.	fangeux.	précieux.
joyeux.	audacieux.	argileux.	coûteux.
sérieux.	vaniteux.	ferrugineux.	avantageux.
soucieux.	dédaigneux.	pierreux.	chanceux.
généreux.	orgueilleux.	montueux.	douteux.
gracieux.	présomptueux	montagneux.	périlleux.
respectueux.	ambitieux.	lumineux.	dangereux.
cérémonieux.	injurieux.	ténébreux.	industrieux.
pompeux.	honteux.	pluvieux.	ingénieux.
somptueux.	affreux.	neigeux.	merveilleux.
fameux	monstrueux.	nébuleux.	miraculeux.
nombreux.	pernicieux.	orageux.	mystérieux.
populeux.	vénéneux.	rigoureux.	jaloux.

Exceptions : doux, douce ; faux, fausse ; préfix, préfixe ; roux, rousse.

64. *6° Adjectifs terminés au masculin par une f.*

(Pour les mettre au féminin, on remplace l'f par ve.)

bref.	hâtif.	natif.	relatif.
neuf.	expéditif.	adoptif.	persuasif.
veuf.	tardif.	chétif.	instructif.
vif.	fautif.	plaintif.	explicatif.
naïf.	rétif.	maladif.	nominatif.
actif.	pensif.	nutritif.	portatif.
inactif	expansif.	productif.	facultatif.
oisif.	craintif.	lucratif.	excessif.
attentif.	décisif.	inventif.	processif.
inattentif.	positif.	expressif.	vindicatif.

65. *7° Adjectifs terminés par* el, eil, en, et, on, *etc.*

(Pour mettre ces adj. au féminin, on double la dernière lettre et on ajoute un e.)

cruel.	naturel.	pareil.	glouton.
mortel.	usuel.	vermeil.	poltron.
immortel.	solennel (pr la)	—	gascon.
éternel.	mutuel.	ancien.	
perpétuel.	fraternel.	mitoyen.	bas.
continuel.	paternel.	parisien.	épais.
universel.	maternel.	—	gras.
annuel.	temporel.		gros.
actuel.	matériel.	muet.	las.
réel.	spirituel.	violet.	exprès.
ponctuel.	essentiel.	douillet.	gentil.
accidentel.	providentiel.	fluet.	sot.
superficiel.	partiel.	cadet.	vieillot.
		net.	

Au lieu de doubler la dernière lettre, les adjectifs suivants prennent un *accent grave* et un e au féminin.

66. *Masculin :* complet, concret, discret, inquiet, replet, secret.
Féminin : complète, concrète, discrète, inquiète, replète, secrète.

cher.	entier.	ménager.	gaucher.
fier.	familier.	régulier.	guerrier.
amer.	étranger.	irrégulier.	meurtrier.
léger.	passager.	premier.	carnassier.
grossier.	casanier.	dernier.	rancunier.

Adjectifs qui ont deux formes au masculin.

1re *forme :* beau, nouveau, fou, mou, vieux, *avant une consonne.*
2e *forme :* bel, nouvel, fol, mol, vieil, *avant une voyelle.*
Féminin : belle, nouvelle, folle, molle, vieille.

67.   8° *Adjectifs en* eur *et en* teur (*).

Les suivants ont leur féminin en *euse* : trompeur, trompeuse.

trompeur.	rêveur.	glaneur.	porteur.
fraudeur.	radoteur.	faneur.	quêteur.
parleur.	joueur.	travailleur.	solliciteur.
causeur.	buveur.	promeneur.	prêteur.
querelleur.	rieur.	flaneur.	chanteur.

Les suivants ont leur féminin en *trice* : lecteur, lectrice.

lecteur.	inventeur.	acteur.	accusateur.
inspecteur.	protecteur.	adulateur.	exécuteur.
examinateur.	admirateur.	spoliateur.	persécuteur.
interrogateur.	adorateur.	réparateur.	exterminateur

Sans féminin correspondant : auteur, amateur, vainqueur, etc.

68.   9° *Adjectifs irréguliers*.

Masculin.	*Féminin.*	*Masculin.*	*Féminin.*
blanc.	blanche.	turc.	turque.
franc.	franche.	grec.	grecque.
sec.	sèche.	long.	longue.
frais.	fraîche.	oblong.	oblongue.
public.	publique.	bénin.	bénigne.
caduc.	caduque.	malin.	maligne.

2ᵉ Classe. — Adjectifs déterminatifs.

69.   1° *Adjectifs possessifs*.

Masculin sing.	*Féminin sing.*	*Plur. des 2 genres.*
mon.	ma.	mes.
ton.	ta.	tes.
son.	sa.	ses.
notre.	notre.	nos.
votre.	votre.	vos.
leur.	leur.	leurs.

70.   2° *Adjectifs démonstratifs*.

Masculin sing.	*Féminin sing.*	*Plur. des 2 genres.*
ce, cet.	cette.	ces.

cet avec un seul *t* s'emploie avant un nom masculin, *cet* encrier.
cette avec deux *t* s'emploie avant un nom féminin, *cette* table.

(*) Ces mots sont très-souvent employés comme *noms*.

71. ### 3° *Adjectifs numéraux.*

Adjectifs numéraux *cardinaux*. (*)

un	1	I	vingt-un (*ou* vingt et un)	21	XXI
deux	2	II	vingt-deux	22	XXII
trois	3	III	vingt-trois	23	XXIII
quatre	4	IV	vingt-quatre	24	XXIV
cinq	5	V	vingt-cinq	25	XXV
six	6	VI	vingt-six	26	XXVI
sept	7	VII	vingt-sept	27	XXVII
huit	8	VIII	vingt-huit	28	XXVIII
neuf	9	IX	vingt-neuf	29	XXIX
dix	10	X	trente	30	XXX
onze	11	XI	trente-un (*ou* trente et un)	31	XXXI
douze	12	XII	quarante	40	XL
treize	13	XIII	quarante-un	41	XLI
quatorze	14	XIV	cinquante	50	L
quinze	15	XV	soixante	60	LX
seize	16	XVI	soixante-dix	70	LXX
dix-sept	17	XVII	quatre-vingts	80	LXXX
dix-huit	18	XVIII	quatre-vingt-dix	90	LXXXX
dix-neuf	19	XIX	cent	100	C
vingt	20	XX	mille	1000	M

72 ### Adjectifs numéraux *ordinaux.*

premier	1er	treizième	13e	vingt-sixième	26e
second / deuxième	2e	quatorzième	14e	vingt-septième	27e
		quinzième	15e	vingt-huitième	28e
troisième	3e	seizième	16e	vingt-neuvième	29e
quatrième	4e	dix-septième	17e	trentième	30e
cinquième	5e	dix-huitième	18e	quarantième	40e
sixième	6e	dix-neuvième	19e	cinquantième	50e
septième	7e	vingtième	20e	soixantième	60e
huitième	8e	vingt et unième	21e	soixante-dixième	70e
neuvième	9e	vingt-deuxième	22e	quatre-vingtième	80e
dixième	10e	vingt-troisième	23e	quatre-vingt-dixième	90e
onzième	11e	vingt-quatrième	24e	centième	100e
douzième	12e	vingt-cinquième	25e	millième	1,000e

73 ### 4° *Adjectifs indéfinis.*

chaque,	même (1),	plusieurs,	quelconque,
nul,	tout,	tel,	maint,
aucun,	quelque,	quel,	certain.

(*) Il convient de faire connaître de bonne heure aux enfants les chiffres ordinaires et même les chiffres romains; c'est pour cela que nous donnons les uns et les autres.

(1) Les adj. en *ème* prenn. l'acc. circonfl., exc. *deuxième*, *troisième*, etc.

CHAPITRE 4. — PRONOMS.

(Mots qui servent à remplacer les noms.)

4.   1° *Pronoms personnels.*

1re personne : je, me, moi, nous.
2e personne : tu, te, toi, vous.
3e personne : il, ils, elle, elles, lui, eux.
           le, la, les, leur, se, soi, en, y.

5.   2° *Pronoms possessifs.*

masc. sing.	*fémin. sing.*	*masc. plur.*	*fémin. plur.*
le mien,	la mienne,	les miens,	les miennes.
le tien,	la tienne,	les tiens,	les tiennes.
le sien,	la sienne,	les siens,	les siennes.
le nôtre,	la nôtre,	les nôtres,	les nôtres.
le vôtre,	la vôtre,	les vôtres,	les vôtres.
le leur,	la leur,	les leurs,	les leurs.

6.   3° *Pronoms démonstratifs*

masc. sing.	*fémin. sing.*	*masc. plur.*	*fémin. plur.*
ce, celui,	celle,	ceux,	celles.
ceci, celui-ci,	celle-ci,	ceux-ci,	celles-ci.
cela, celui-là,	celle-là,	ceux-là,	celles-là.

7.   4° *Pronoms conjonctifs* ou *relatifs.*

qui, que, quoi, dont.

masc. sing.	*fémin. sing.*	*masc. plur.*	*fémin. plur.*
lequel,	laquelle,	lesquels,	lesquelles.
duquel,	de laquelle,	desquels,	desquelles.
auquel,	à laquelle,	auxquels,	auxquelles.

8.   5° *Pronoms indéfinis.*

on, quiconque, chacun, autrui,—l'un, l'autre, l'un et
l'autre, quelqu'un, personne, rien, etc.

Le mot *personne*, employé comme pronom, est du masculin, exemple :
je ne connais personne *plus* heureux *que lui ;* mais *personne* employé
comme nom, est du féminin : *cette* personne *est très-heureuse.*

CHAPITRE 5. — VERBES.

(Mots qui marquent que l'on est ou que l'on fait quelque chose.)

79.   1° Verbes auxiliaires.

avoir.   être.

2° *Verbes actifs ou transitifs en* er (1re conjugaison).

(Voir le modèle de conjugaison, p. 48.)

chanter.	verser.	maçonner.	écouter.
planter.	vider.	réparer.	demander.
bêcher.	laver.	porter.	chercher.
labourer.	savonner.	pousser.	examiner.
creuser.	déchirer.	rouler.	observer.
herser.	raccommoder.	poser.	remarquer.
couper.	plisser.	déposer.	distinguer.
faucher.	ourler.	dresser.	déchiffrer.
faner.	repasser.	écarter.	trouver.
récolter.	orner.	pencher.	expliquer.
moissonner.	parer.	incliner.	montrer.
vanner.	cirer.	ébranler.	nommer.
cribler.	parfumer.	casser.	désigner.
presser.	meubler.	briser.	indiquer.
pressurer.	encadrer.	écraser.	exprimer.

(On peut mettre *quelqu'un* ou *quelque chose* après tous ces verbes.)

80. aimer.	tromper.	nouer.	calculer.
saluer.	voler.	attacher.	compter.
respecter.	usurper.	fixer.	augmenter.
baiser.	dérober.	clouer.	diminuer.
embrasser.	cacher.	ferrer.	additionner.
caresser.	déguiser.	frapper.	retrancher.
honorer.	avouer.	fouetter.	diviser.
adorer.	confesser.	scier.	distribuer.
désirer.	déclarer.	limer.	disperser.
souhaiter.	affirmer.	aiguiser.	visiter.
réclamer.	attester.	disposer.	traverser.
solliciter.	assurer.	baisser.	raconter.
importuner.	agiter.	abaisser.	réciter.
donner.	apaiser.	ajuster.	figurer.
prodiguer.	calmer.	aligner.	dessiner.
livrer.	conseiller.	adosser.	amender.
accorder.	commander.	assembler.	améliorer.
abandonner.	ordonner.	séparer.	perfectionner.

31. *Suite des verbes transitifs en er. (1ʳᵉ conjugaison.)*

mâcher.	attaquer.	abîmer.	écurer.
avaler.	bloquer.	abreuver.	étamer.
absorber.	bombarder.	arroser.	estimer.
consommer.	canonner.	mouiller.	évaluer.
critiquer.	mitrailler.	épuiser.	exciter.
blâmer.	accabler.	embarquer.	exhorter.
accuser.	immoler.	débarquer.	éloigner.
attirer.	exterminer.	amarrer.	exiler.
guetter.	dévaster.	enseigner.	déporter.
attraper.	ruiner.	renseigner.	fermer.
blesser.	piller.	professer.	fêter.
renverser.	brûler.	discuter.	flatter.
étouffer.	enflammer.	enterrer.	fabriquer.
assommer.	consumer.	inhumer.	gagner.
empoisonner.	enchaîner.	exhumer.	gêner.
tuer.	dompter.	entourer.	hanter.
assassiner.	subjuguer.	envelopper.	fréquenter.
terrasser.	désoler.	éparger.	hausser.
dépouiller.	tyranniser.	économiser.	exhausser.

32. On peut mettre *quelqu'un* ou *quelque chose* après tous ces verbes.

ignorer.	mêler.	pratiquer.	récompenser.
informer.	mépriser.	précipiter.	reculer.
insulter.	dédaigner.	préparer.	redouter.
offenser.	mériter.	présenter.	refuser.
invoquer.	mesurer.	accepter.	risquer.
inonder.	mouiller.	prêter.	regretter.
installer.	importer.	apprêter.	redresser.
irriter.	exporter.	recouvrer.	remuer.
casser.	occuper.	emprunter.	secouer.
fatiguer.	opposer.	rembourser.	rencontrer.
lâcher.	oser.	prouver.	renverser.
relâcher.	ôter.	démontrer.	réparer.
laisser.	panser (un cheval).	répliquer.	restaurer.
louer.	penser (qq. chose).	quitter.	réserver.
allouer.	dépenser.	acquitter.	seller.
affermer.	pêcher.	raffiner.	sceller.
afficher.	perpétuer.	ramasser.	serrer.
manquer.	persécuter.	aborder.	resserrer.
marquer.	tourmenter.	ramoner.	soigner.
masquer.	persuader.	raser.	saigner.

— 38 —

83. *Suite des verbes transitifs en er. (1ʳᵉ conjugaison.)*

signer.	tenter.	traîner.	user.
parapher.	tirer.	entraîner.	abuser.
sonner.	attirer.	transformer.	veiller.
tinter.	retirer.	troquer.	éveiller.
supposer.	tisser.	escroquer.	réveiller.
surmonter.	toiser.	accaparer.	surveiller.
tailler.	toucher.	escamoter.	voter.
tarder.	tourner.	restituer.	continuer.
retarder.	frotter.	troubler.	cesser.
taxer.	heurter.	vanter.	terminer.

84. Verbes en *cer.*

avancer.	exercer.	percer.	prononcer.
bercer.	glacer.	pincer.	renfoncer.
commencer.	lacer.	placer.	renoncer.
effacer.	lancer.	déplacer.	rincer.
exaucer.	menacer.	remplacer.	tracer.

85. Verbes en *ger.*

abréger.	exiger.	outrager.	déranger.
affliger.	forger.	partager.	ravager.
assiéger.	interroger.	plonger.	ronger.
changer.	juger.	prolonger.	soulager.
charger.	loger.	propager.	submerger.
corriger.	manger.	protéger.	venger.
diriger.	négliger.	purger.	abroger.
endommager.	obliger.	ranger.	proroger.

86. Verbes en *eler* et en *eter.*

appeler.	ficeler.	cacheter.	jeter.
atteler.	niveler.	décacheter.	rejeter.
chanceler.	renouveler.	caqueter.	projeter.
étinceler.	ruisseler.	coqueter.	souffleter.

geler, celer, harceler, peler, acheter, becqueter, étiqueter.

87. Verbes dans lesquels il y a un *é* ou un *e* avant la dernière syllabe.

aérer.	pénétrer.	répéter.	achever.
altérer.	posséder.	révéler.	lever.
céder.	précéder.	recéler.	mener.
adhérer.	préférer.	sécher.	emmener.
différer.	régler.	tolérer.	peser.
inquiéter.	régner.	vénérer.	semer.

Suite des verbes transitifs.

88. Verbes en *éer*.

agréer.	recréer.	gréer.	suppléer.
créer.	récréer.	maugréer.	procréer.

89. Verbes en *ier* et en *yer*.

allier.	humilier.	oublier.	aboyer.
apprécier.	fortifier.	parier.	broyer.
avarier.	fructifier.	planchéier.	employer,
calomnier.	incendier.	plier	nettoyer.
certifier.	injurier.	déplier.	noyer.
châtier.	justifier.	prier.	ployer.
confier.	lier.	publier.	tutoyer.
contrarier.	délier.	purifier.	appuyer.
copier.	relier.	rectifier.	balayer.
recopier.	manier.	remédier.	essayer.
crier.	mendier.	remercier.	étayer.
crucifier.	mortifier.	répudier.	frayer.
estropier.	multiplier.	sacrifier.	bégayer.
étudier.	négocier.	scier.	grasseyer.
expédier.	nier.	varier.	payer.
expier.	renier.	vérifier.	rayer.

90. *Verbes transitifs en* ir. (2º *conjugaison.*)

(On peut mettre *quelqu'un* ou *quelque chose* après tous ces verbes.)

finir.	affaiblir.	flétrir.	rougir,
bâtir.	amollir.	fournir.	répartir.
garnir.	amortir.	franchir.	rétablir.
dégarnir.	aplatir.	munir.	rétrécir,
chérir.	applaudir.	pervertir.	réunir.
choisir.	arrondir.	pétrir.	revêtir,
guérir.	assainir.	polir.	rugir,
punir.	avertir.	dépolir.	saisir.
grossir.	blanchir.	raccourcir.	salir.
mûrir.	éblouir.	rajeunir.	subir.
noircir.	embellir.	ralentir.	trahir.
rôtir.	emplir.	ravir.	unir.
nourrir.	enchérir.	refroidir.	—
abolir.	engourdir.	régir.	haïr.
accomplir.	enrichir.	réjouir.	bénir.
accourcir.	envahir.	remplir.	—
adoucir.	établir.,	renchérir.	

91. *Verbes transitifs en* oir (*3ᵉ conjugaison.*)

recevoir.	décevoir.	redevoir.	apercevoir.
concevoir.	devoir.	percevoir.	(avec un seul *p*.)

92. *Verbes transitifs en* re (*4ᵉ conjugaison.*)

rendre.	fendre.	vendre.	répondre.
tendre.	défendre.	épandre.	tondre.
étendre.	pendre.	répandre.	tordre.
attendre.	dépendre.	fondre.	mordre.
entendre.	suspendre.	pondre.	perdre.

On peut mettre *quelqu'un* ou *quelque chose* après tous les verbes précédents.

93. 3° *Verbes neutres* ou *intransitifs.*

(Ces verbes ne peuvent pas être suivis de *quelqu'un* ou de *quelque chose.*)

babiller.	briller.	profiter.	agir.
badiner.	résider.	radoter.	gémir.
siffler.	séjourner.	résonner.	languir.
marcher.	stationner.	succéder.	maigrir.
errer.	exister.	tarder.	pâlir.
naviguer.	douter.	trembler.	hennir (pr. *han*.
ramer.	pécher.	triompher.	jouir.
tousser.	succomber.	songer.	obéir.
éternuer.	trépasser.	nager.	périr.
bâiller.	patienter.	voltiger.	réfléchir.
sommeiller.	pétitionner.	voyager.	réussir.

94. Verbes *intransitifs* ou *transitifs*, selon le cas.

parler.	travailler.	jurer.	respirer.
causer.	suer.	pardonner.	souffler.
jouer.	coûter.	plaider.	vendanger.
plaisanter.	déserter.	pleurer.	grandir.
glisser.	disputer.	raisonner.	vieillir.

95. Verbes *intransitifs* qui se conjuguent avec *être.*

tomber, décéder, entrer, rester, demeurer, expirer, passer, monter, descendre.

96. *Verbes pronominaux.*

(Ils commencent par le pronom *se*).

se promener.	s'amuser.	se hâter.	se réjouir.
s'absenter.	se piquer.	se moquer.	se divertir.
s'accouder.	s'enrhumer.	se peigner.	s'enrichir.
s'accoutumer.	s'extasier.	s'enivrer (pr.s'an.)	s'évanouir.
s'habituer.	se fier.	se quereller.	se dessaisir.
s'éloigner.	s'habiller.	se vanter.	s'enorgueillir(p.s'a)

97. 5° *Verbes unipersonnels* (ou *impersonnels*).

neiger.   venter.   tonner.   s'agir.
ruiner.   grêler.   éclairer.   (*il s'agit.*)

Verbes irréguliers.

98. 1re Conjugaison.

aller, *v. neutre* ou *intransitif*: s'en aller, *v. pronominal.*
envoyer, *v. actif* ou *transitif*; renvoyer, *tr.*

99. 2e Conjugaison.

acquérir, *v. tr.*; conquérir, *tr.*; requérir, *tr.*; s'enquérir, *pron.*
bouillir, *v. intr.*; rebouillir, *intr.*
courir, *v. intr.*; accourir, *intr.*; parcourir, *tr.*; secourir, *tr.*;
  concourir, *intr.*
cueillir, *v. tr.*; accueillir, *tr.*; recueillir, *tr.*
dormir, *v. intr.*; endormir, *tr.*; s'endormir, *pron.*
faillir, *v. intr.*; défaillir, *intr.*
fuir, *v. tr.*; s'enfuir, *pron.*
mentir, *v. intr.*; démentir, *tr.*; se démentir, *pr.*; se repentir, *pr.*
mourir, *v. intr.*
offrir, *v. tr.*; ouïr, *tr.*
ouvrir, *v. tr.*; couvrir, *tr.*; découvrir, *tr.*; recouvrir, *tr.*; en-
  tr'ouvrir, *tr.*
partir, *v. intr.*; repartir, *intr.*; se départir, *pron.*
sentir, *v. tr.*; consentir, *intr.*; ressentir, *tr.*; pressentir, *tr.*
servir, *v. tr.*; asservir, *tr.*; desservir, *tr.*
sortir, *v. intr.* et *tr.*; ressortir, *intr.* et *tr.*
souffrir, *v. tr.*
tenir, *v. tr.*; retenir, *tr.*; détenir, *tr.*; contenir, *tr.*; obtenir, *tr.*;
  soutenir, *tr.*; maintenir, *tr.*; entretenir, *tr.*; appartenir, *intr.*
tressaillir, *v. intr.*; assaillir, *tr.*
venir, *v. intr.*; revenir, *intr.*; parvenir, *intr.*; provenir, *intr.*;
  subvenir, *intr.*; convenir, *intr.*; disconvenir, *intr.*; contre-
  venir, *intr.*; intervenir, *intr.*
vêtir, *v. tr.*; revêtir, *tr.*

100. 3e Conjugaison.

choir * (*se laisser*), *v. intr.*; déchoir, *intr.*
échoir, *v. intr.*; falloir, *unipers.*
mouvoir, *v. tr.*; émouvoir, *tr.*; promouvoir, *tr.*
pleuvoir, *v. unip.*; repleuvoir, *unip.*
pourvoir, *v. tr.*; pouvoir, *tr.*; ravoir, *tr.*
s'asseoir, *v. pron.*; se rasseoir, *pron.*; savoir, *tr.*
valoir, *v. tr.*; prévaloir, *intr.*; se prévaloir, *pron.*
voir, *v. tr.*; revoir, *tr.*; prévoir, *tr.*; entrevoir, *tr.*; vouloir, *tr.*

Suite des verbes irréguliers.

101. 4e Conjugaison.

absoudre, *v. tr.*: dissoudre, *tr.*
battre, *v. tr.*: abattre, *tr.*; débattre, *tr.*; combattre, *tr.*; rebattre, *tr.*; s'ébattre, *pron.*
boire, *v. tr.*
clore, *v. tr.*; éclore, *intr.*; enclore, *tr.*
conclure, *v. tr.*; exclure, *tr.*
conduire, *v. tr.*; reconduire, *tr.*: introduire, *tr.*; enduire, *tr.*; produire, *tr.*; réduire, *tr.*; séduire, *tr.*; traduire, *tr.*
construire, *v. tr.*; reconstruire, *tr.*; détruire, *tr.*; instruire, *tr.*
confire, *v. tr.*; connaître, *tr.*; reconnaître, *tr.*; méconnaître, *tr.*
coudre, *v. tr.*; découdre, *tr.*; recoudre, *tr.*
croire, *v. tr.*; cuire, *tr.*; recuire, *tr.*
croître, *v. intr.*; accroître, *tr.*; décroître, *intr.*
dire, *v. tr.*; redire, *tr.*; dédire, *tr.*; médire, *intr.*: prédire, *tr.*; contredire, *tr.*; interdire, *tr.*; s'entredire, *pron.*
écrire, *v. tr.*; récrire, *tr.*; décrire, *tr.*; inscrire, *tr.*; prescrire, *tr.*; souscrire, *tr.*; transcrire, *tr.*; circonscrire, *tr.*
faire, *v. tr.*; défaire, *tr.*; refaire, *tr.*; surfaire, *tr.*; contrefaire, *tr.*; satisfaire, *tr.*; redéfaire, *tr.*
joindre, *v. tr.*; rejoindre, *tr.*; adjoindre, *tr.*; disjoindre, *tr.*; enjoindre, *tr.*; contraindre, *tr.*; craindre, *tr.*; plaindre, *tr.*

102. lire, *v. tr.*; relire, *tr.*; réélire, *tr.*; maudire, *tr.*
mettre, *v. tr.*; remettre, *tr.*; démettre, *tr.*; promettre, *tr.*; émettre, *tr.*; admettre, *tr.*; commettre, *tr.*; compromettre, *tr.*
moudre, *v. tr.*; remoudre, *tr.*; émoudre, *tr.*; rémoudre, *tr.*
naître, *v. intr.*; renaître, *intr.*
nuire, *v. intr.*; paître, *tr.* et *intr.*; se repaître, *pron.*
paraître, *v. intr.*; apparaître, *intr.*; disparaître, *intr.*; comparaître, *intr.*
peindre, *v. tr.*; dépeindre, *tr.*; repeindre, *tr.*; teindre, *tr.*; déteindre, *tr.*; ceindre, *tr.*; atteindre, *tr.*; astreindre, *tr.*
plaire, *v. intr.*; déplaire, *intr.*; complaire, *intr.*
prendre, *v. tr.*; reprendre, *tr.*; apprendre, *tr.*; comprendre, *tr.*; entreprendre, *tr.*; surprendre, *tr.*; se méprendre, *pron.*
résoudre, *v. tr.*; rire, *intr.*; sourire, *intr.*
rompre, *v. tr.*; corrompre, *tr.*; interrompre, *tr.*
suffire, *v. intr.*; se suffire, *pron.*
suivre, *v. tr.*; poursuivre, *tr.*; s'ensuivre, *pron.*
taire, *v. tr.*; se taire, *pron.*
traire, *tr.*; extraire, *tr.*; soustraire, *tr.*; distraire, *tr.*
vaincre, *v. tr.*; convaincre, *tr.*
vivre, *v. intr.*; revivre, *intr.*; survivre, *intr.*

Les verbes sont des mots qui marquent que l'on est ou que l'on fait quelque chose.

CHAPITRE 6.— PARTICIPES.

(Mots qui tiennent de la nature du verbe et de celle de l'adjectif.)

103. *1° Participes présents.*

(Ils finissent toujours par *ant.*)

chantant.	finissant.	recevant.	rendant.
aimant.	choisissant.	percevant.	attendant.
allant.	assainissant.	apercevant.	épandant.
envoyant.	trahissant.	sachant.	répandant.
acquérant.	· haïssant.	s'asseyant.	maudissant.

fatiguant. fabriquant. négligeant. présidant. résidant. violant.

104. *2° Participes passés.*

(Ils se mettent au *féminin* et au *pluriel* comme les adjectifs.)

chanté.	fini.	reçu.	rendu.
aimé.	choisi.	perçu.	attendu.
allé.	assaini.	aperçu.	épandu.
envoyé.	trahi.	su.	répandu.

acquis.	dit.	fait.	offert.
conquis.	redit.	refait.	ouvert.
assis.	écrit.	joint.	souffert.
mis.	confit.	éteint.	absous (*f.* te).
pris.	maudit.	déteint.	dissous (*f.* te).

CHAPITRE 7.— ADVERBES.

(Mots invariables qui se placent près des verbes.)

105. *1° Adverbes de manière.*

bien.	lentement.	sciemment.	comment.
mal.	couramment.	gaiement.	debout.
parfaitement.	précipitamment.	aveuglément.	ensemble.
agréablement.	efficacement.	imparfaitement.	exprès.
doucement.	instamment.	brièvement.	gratis.
sagement.	ardemment.	succinctement	franco.
prudemment.	violemment.	crûment.	incognito.
élégamment.	vaillamment.	commodément	surtout.
différemment.	opiniâtrément	impétueusement.	volontiers.
étourdiment.	poliment.	impérieusement.	abondamment
confusément.	ingénument.	éloquemment.	énormément.
obscurément.	patiemment.	savamment.	immensément
distinctement.	obligeamment	incessamment	suffisamment.

Tous les adverbes sont invariables, c'est-à-dire qu'ils s'écrivent toujours
de la même manière.

Suite des adverbes (mots invariables).

106. 2º Adverbes de temps.

autrefois.	tôt.	dernièrement.	désormais.
hier.	tard.	naguère.	dorénavant.
aujourd'hui.	alors.	tantôt.	longtemps.
demain.	jadis.	bientôt.	souvent.
bientôt.	auparavant.	aussitôt.	parfois.
toujours.	maintenant.	soudain.	quelquefois.
jamais.	récemment.	déjà.	fréquemment.

107. 3º Adverbes de lieu.

ci.	dessus.	devant.	partout.
ici.	dessous.	derrière.	ailleurs.
là.	dedans.	auprès.	loin.
où.	dehors.	alentour.	—

108 4º Adverbes de quantité.

peu.	trop.	tant.	environ.
assez.	très.	assez.	presque.
beaucoup.	fort.	guère.	quasi.
extrêmement.	combien.	encore.	entièrement.

109. 5º Adverbes d'ordre.

d'abord.	ensuite.	secondement.	neuvièmement.
puis.	premièrement	cinquièmement.	dixièmement, etc.

110. 6º Adverbes de comparaison.

plus, mieux, moins, aussi, autant, davantage, pis.

111. 7º Adverbes d'affirmation.

oui.	vraiment.	assurément.	certainement.

112. 8º Adverbes de négation.

non.	ne.	nullement.	aucunement.

113. *Adverbes composés* (c.-à-d. formés de plusieurs mots.)

ne... pas.	tant pis.	à rebours.	non-seulement
ne... point.	tant mieux.	à reculons.	peu à peu.
ne... que.	plus tôt.	en avant.	tour à tour.
avant-hier.	à peine.	en arrière.	tout à coup.
sur-le-champ.	à jeun.	à tâtons.	tout à l'heure.
à l'avenir.	à verse.	à l'écart.	par-ci par-là.
sans doute.	à l'envi.	en dedans.	pêle-mêle.
sans cesse.	à peu près.	en dehors.	par mégarde.
peut-être.	à l'instant.	en sursaut.	sens dessus dessous.
tout à fait.	à l'improviste.	en vain.	vaille que vaille.

(Tous les mots de cette page sont invariables.)

CHAPITRE 8. — PRÉPOSITIONS.

(Mots invariables suivis d'un complément.)

114.   1° *Prépositions simples*.

à.	sur.	dès.	sauf.
de.	sous.	durant.	hors.
par.	vers.	pendant.	hormis.
avec.	entre.	envers.	excepté.
dans.	parmi.	contre.	outre.
pour.	avant.	malgré.	nonobstant.
en.	après.	selon.	moyennant.
chez.	depuis.	sans.	voici, — voilà.

115.   2° *Prépositions composées*.

vis-à-vis de.	jusqu'à.	près de.	à l'insu de.
autour de.	quant à.	auprès de.	au delà de.
loin de.	eu égard à.	à cause de.	en deçà de.

CHAPITRE 9. — CONJONCTIONS.

(Mots invariables servant à joindre deux membres de phrase.)

116.   1° *Conjonctions simples*.

et.	si.	puisque.	aussi.
ou.	car.	quoique.	enfin.
ni.	comme.	or.	cependant.
mais.	quand.	donc.	néanmoins.
que.	lorsque.	sinon.	pourtant.

117.   2° *Conjonctions composées*.

ou bien.	pour que.	plutôt que.	de façon que.
au reste.	de peur que.	pourvu que.	de manière que.
au surplus.	de crainte que.	pendant que.	de sorte que.
par conséquent.	parce que.	tandis que.	jusqu'à ce que.
avant que.	attendu que.	depuis que.	c'est-à-dire.

CHAPITRE 10. — INTERJECTIONS.

(Mots invariables exprimant la joie, la douleur, etc.)

118.   2° *Interjections simples*.

ah !	hein !	silence !	gare !
hélas !	chut !	bon !	holà !
oh !	paix !	bravo !	bah !

119.   2° *Interjections composées*.

hé bien !	hé quoi !	fi donc !	quoi donc !

SUPPLÉMENT.

120   *Liste de noms composés.*

(Les exceptions sont en caractères italiques.)

1° Noms composés formés de deux *noms*.

un chef-lieu,	des chefs-lieux.	un sourd-muet,	des sourds-muets.
un chou-fleur,	des choux-fleurs.	une dame-jeanne,	des dames-jeannes.
un oiseau-mouche,	des oiseaux-mouches	un *Hôtel-Dieu,*	des *Hôtels-Dieu.*
un chien-loup,	des chiens-loups.	une *reine-Claude*	des *reines-Claude.*

2° Noms formés d'un *nom* et d'un *adjectif.*

une basse-cour,	des basses-cours.	une courte-pointe,	des courtes-pointes.
un beau-père,	des beaux-pères.	le petit-fils,	les petits-fils.
une belle-mère,	des belles-mères.	la pie-grièche,	les pies-grièches.
un beau-frère,	des beaux-frères.	une plate-bande,	des plates-bandes.
une belle-sœur,	des belles-sœurs.	un rouge-gorge,	des rouges-gorges.
un cerf-volant,	des cerfs-volants.	un *cent-suisse,*	les *cent-suisses.*
un chat-huant,	des chats-huants.	un *quinze-vingt,*	des *quinze-vingts.*
une chauve-souris,	des chauves-souris.	un *chevau-léger,*	des *chevau-légers.*
un coffre-fort,	des coffres-forts.	un *sauf-conduit,*	des *sauf-conduits.*

3° Noms composés formés de deux *noms* joints par une *préposition.*

un arc-en-ciel,	deux arcs-en-ciel.	le rez-de-chaussée,	les rez-de-chaussée.
un chef-**d'œuvre**,	des chefs-d'œuvre.	la belle-de-nuit,	les belles-de-nuit.
l'eau-de-vie (*f*),	les eaux-de-vie.	un *coq-à-l'âne,*	des *coq-à-l'âne.*
le cul-de-sac,	les culs-de-sac.	un *pot-au-feu,*	des *pot-au-feu.*
l'œil-de-bœuf,	des œils-de-bœuf.	un *tête-à-tête,*	des *tête-à-tête.*
le pot-de-vin,	des pots-de-vin.	un *vol-au-vent,*	des *vol-au-vent.*

4° Noms composés formés d'un *nom* joint à un *verbe,* à une *préposition,* à un *adverbe.*

une arrière-boutique,	des arr.-boutiques	un sous-maître,	des sous-maîtres.
un attrape-mouche,	des attr.-mouches	un sous-officier,	des sous-officiers.
un avant-poste,	des avant-postes.	un sous-lieutenant,	des sous-lieutenants.
un contre-maître,	des contre-maîtres	un sous-préfet,	des sous-préfets.
un cure-dent (*Acad.*)	des cure-dents.	un vice-roi,	des vice-rois.
un essuie-main,	des essuie-mains.	un tire-botte (*Acad*)	des tire-bottes.
un prête-nom,	des prête-noms.	un tire-bouchon,	des tire-bouchons.

5° Noms composés qui s'écrivent toujours de la même manière.

abat-vent, *m* ; brûle-tout, *m* ; cache-nez, *m* ; casse-tête, *m* ;
serre-tête, *m* ; coupe-gorge, *m* ; garde-manger, *m* ; prie-Dieu, *m*;
porte-mouchettes, *m* ; réveille-matin, *m* ; à-compte, *m* ; boute-
en-train, *m* ; boute-tout-cuire, *m* ; mal-appris, *m* ; passe-de-
bout, *m*.; passe-partout, *m*.

Quelques régles sur l'orthographe usuelle.

(Etudier d'abord les numéros marqués d'une étoile.)

* 1. L'orthographe consiste à écrire correctement tous les mots.

* 2. Il y a des mots *primitifs* et des mots *dérivés.*

* 3. Les mots *primitifs* sont ceux qui servent à en former d'autres, qu'on nomme *dérivés.* — Ainsi, le mot *chant* est un primitif, et les mots *chanter, chanteur,* etc., qui en sont formés, sont des dérivés.

* 4. Les mots primitifs *sont plus courts* que les dérivés.

* 5. Les dérivés indiquent l'orthographe des primitifs. Ainsi, *froideur* indique que *froid* finit par un *d ; deviner* indique qu'il ne faut pas d'*a* dans *devin.*

6. Les sept mots *annexion, complexion, flexion, fluxion, géuflexion, inflexion* et *réflexion* sont les seuls qui finissent par *xion.* Les autres sont terminés par *ction: action, direction.*

7. *Expansion* est le seul mot qui finisse par *ansion.* Les autres se terminent par *ention* ou par *ension.*

8. Les mots terminés par le son *eur* finissent par ces trois lettres. Ex.: *bonheur, malheur, peur,* etc. — Quelques mots font exception : *heure, beurre, demeure, leurre.*

* 9. Avant *b* ou *p* on met *m.* Ex.: *embarras, comple,* etc.—Il y a trois exceptions : *bonbon, bonbonnière, embonpoint.*

10. Le B se double seulement dans *abbaye, abbé, rabbin, abbat* et les dérivés.

11. Le C se double dans les mots qui commencent par *oc.* — Excepté : *océan, Océanie, ocre, oculaire, oculiste.*

12. Le D se double dans *reddition, addition* et les dérivés.

* 13. L'F se double dans les mots qui commencent par
    af, excepté : *afin, Afrique* et *africain ;*
    ef, excepté : *éfaufiler ;*
    dif, of, suf, sans exception.

14. Le G se double dans *suggérer, aggraver, agglomérer* et ses dérivés.

15. L'L se double dans les mots qui commencent par *il.* — Excepté : *île, îlot, ilote, ilotisme.*

16. L'M se double dans les mots qui commencent par *im.* — Excepté : *image, imiter, iman* et les dérivés.

17. Le P se double dans les mots qui commencent par *oppo* ou *oppr.* Ex.: *opposer, oppression.*

18. L'R se double dans les mots qui commencent par *ir.* — Excepté : *irascible, iris, ironie, iroquois.*

Modèle pour la 1re conjugaison en ER.

Verbe CHANTER : radical CHANT, terminaison ER.

(Les temps *simples* sont seuls indiqués.)

1er MODE. INDICATIF.

* PRÉSENT.

Je	chant e
Tu	chant es
Il	chant e
Nous	chant ons
Vous	chant ez
Ils	chant ent

* IMPARFAIT.

Je	chant ais
Tu	chant ais
Il	chant ait
Nous	chant ions
Vous	chant iez
Ils	chant aient.

* PASSÉ DÉFINI.

Je	chant ai
Tu	chant as
Il	chant a
Nous	chant âmes
Vous	chant âtes
Ils	chant èrent

* FUTUR.

Je	chant erai
Tu	chant eras
Il	chant era
Nous	chant erons
Vous	chant erez
Ils	chant eront

2e MODE. CONDITIONNEL

* PRÉSENT.

Je	chant erais
Tu	chant erais
Il	chant erait
Nous	chant erions
Vous	chant eriez
Ils	chant eraient

3e MODE. IMPÉRATIF.

* PRÉSENT.

chant e
chant ons
chant ez

4e MODE. SUBJONCTIF.

* PRÉSENT.

Que je	chant e
Que tu	chant es
Qu'il	chant e
Que nous	chant ions
Que vous	chant iez
Qu'ils	chant ent

* IMPARFAIT.

Que je	chant asse
Que tu	chant asses
Qu'il	chant ât
Que nous	chant assions
Que vous	chant assiez
Qu'ils	chant assent

5e MODE. INFINITIF.

* PRÉSENT.

chant er

* PARTICIPE PRÉSENT.

chant ant

* PARTICIPE PASSÉ.

chant é, chant ée.

Ce tableau est destiné à initier les jeunes enfants à l'étude des conjugaisons.

Le maître commencera par faire remarquer le radical *chant* ainsi que les terminaisons *e*, *es*, *e*, etc.; il fera ensuite lire une ou plusieurs fois le modèle, en donnant quelques explications très-simples sur les *modes*, les *temps* et les *personnes*, puis il fera conjuguer à chaque temps les séries de verbes qui suivent, en remplaçant le radical *chant* par celui du verbe à conjuguer.

Verbes à conjuguer.

1.—*Planter, porter, réciter, parler, donner, demander* (1).
2.—*Bêcher, labourer, herser, creuser, couper, faucher.*
3.—*Verser, vider, laver, casser, briser, déchirer.*
4.—*Faner, récolter, moissonner, vanner, cribler, pressurer.*
5.—*Chercher, trouver, montrer, nommer, désirer, voler.*
6.—*Prêter, compter, jouer, saluer, babiller, travailler* (2).
7.—*Gagner, signer, saigner, marquer, risquer, quitter.*
8.—*Crier, prier, lier, charrier, payer, remercier* (3).
9.—*Aimer, avouer, épargner, expliquer, oublier, acquitter* (4).

Terminaisons des personnes.

1re pers. du sing. *s* ou *e*; 2e, *s*; 3e, *t* ou *e*.—1re du plur. *s*; 2e, *z* ou *s*; 3e, *nt*.

---

(1) Conjuguer ainsi : *je plante, tu plantes, il plante,* etc.; puis *je porte, tu portes,* etc., de manière que le même temps se trouve lu ou écrit six fois de suite.—Quand l'élève saura un temps par cœur, on passera au suivant.

(2) Pour cette série et surtout les deux suivantes, veiller sur la prononciation.

(3) On fera remarquer les deux *i* qui se trouvent à l'imparfait de l'indicatif et au présent du subjonctif.

(4) Conjuguer les verbes de cette série à tous les temps. Le maître fera remarquer qu'au lieu de *je* on met *j'* ayant une voyelle.

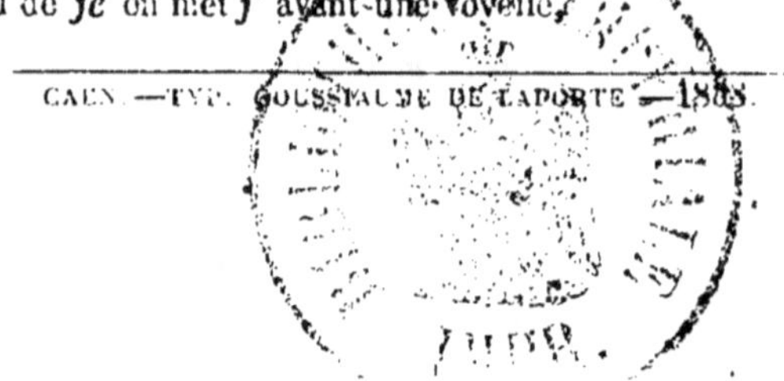

CAEN. —TYP. GOUSSIAUME DE LAPORTE.—1863.